JN438468

그래서 당신을

석인수 수필집

그래서 당신을

수필과비평사

■ 머리말

바탕이 그렇고 견문 또한 일천하다 보니……

지난해 가을 어느 날, 서재의 창밖으로부터 한눈에 빨려 들어오는 가을을 보았습니다.

빨갛고 노랗게 물든 단풍나무들의 절묘한 어울림을 보았습니다. 처음 보는 것 같은 가을의 전형에 경탄했습니다. 조용한 흥분이 일고 가슴이 일렁였습니다. 이미 나는 시를 쓰고 한 편의 수필을 마음으로 빚고 있었습니다.

문학이란 바로 이런 것이겠구나 하는 생각이 들었습니다.

문학은 사람이 자연과 더불어 사는 삶의 다양한 표현이고 심오한 사유思惟에서 우러나는 감정의 표출일 것입니다.

작가는 모든 존재하는 것에 대한 생멸生滅을 감상과 사랑으로 바라보아야 할 것입니다. 또한, 그것들을 직관하여 발전시키고 교정하고 치유하는 몫을 간과해서는 안 된다고 생각합니다. 작가는 모름지기 관조하는 작금의 실태를 직시해서 바르게 말하고 올곧게 주장하여야 합니다.

글을 쓴다는 것, 특히 수필을 쓰는 것은 작가 자신의 껍질을 하나씩 벗겨내는 것이며 속살까지도 온전히 드러내 보이는 것인지도 모릅니다. 모든 문학이 그렇듯 특히 수필은 생활 속 삶의 이야기이기 때문입니다. 그런 맥락에서 나 역시 예외일 수 없어 글을 통하여 면면히 일천하고 부족함을 숨김없이 까발릴 수밖에 없었습니다. 어떤 땐 글 한 편을 쓰면서 한 시간이 지났는데도 겨우 원고지 두 장도 다 못 채우고 턱 괴고 앉아 머리만 굴리고 있는 것을 보아도 글재주는 확실히 모자란 것이 분명합니다. 바탕도 부실하고 자질도 없으면서 자초하여 고행 길을 걸으며 나 혼자 좋아 자기도취에 빠져 사는 것을 보면 스스로도 가관인 듯합니다.

살아온 지난날을 오늘에 비추어 더욱 뜻있고 보람 있게 살자고 다짐하면서도 지나고 보면 항상 후회가 남는 것이 세상살이인가 봅니다. 더 좋은 글을 쓰려고 애를 쓰지만, 바탕이 그렇고 견문 또한 일천하다 보니 한계에 부딪히곤 합니다. 그러나 나에게서 수필은 세상에 대한 나의 독백이고 고발이며 외침일 수 있다는 점에서 실낱같은 자위를 합니다.

첫 번째 수필집 ≪생각이 머무를 때면≫을 출간한 지 만 3년이 됩니다. 얼떨결에 겁 없이 의욕만 앞세워 펴낸 터이라 기쁨과 후회가 엇갈렸었는데 또다시 어설픈 글을 작품이라고 모아 책으로 내려니 엄습해오는 두려움과 떨림이 있습니다. 그러나 어리석게도 지인들의 면찬을 핑계삼아 용기를 내게 되었습니다. 뭔가 빠지고 모자란 것만 같은 어쭙잖은 글이지만 원래 내가 지닌 재주가 그것뿐이고 그릇이 작아 함량 미달인 것은 어쩔 수가 없습니다. 그러면서도 책으로 펴내는 것은 어쩌면 만용일지도 모릅니다. 오직 독자 여러분의 편달과 사랑 넘치는 질정叱正만을 바랄 뿐입니다.

2012년 4월

전주 완산고을 서재에서, 청아靑雅 석인수昔仁壽

■ 차 례

1 매화는 지고

나뭇가지 • 11
고향길 코스모스 • 16
매화는 지고 • 21
해운대의 아침 • 25
봄이 그리워 • 30
부부 사랑 • 34
'그 사람'을 갖고 싶다 • 40
소리가 눈이다 • 44
벽돌 쌓는 심정으로 • 48
벗이여 • 52

2 아주 미약하지만

새벽밥 • 59
성경을 다 읽고 • 64
아주 미약하지만 • 69
착시와 착각 • 74
한 줄기 눈물의 의미 • 80
가수 인순이 • 84
16년 만에 완성된 노래 • 89
연극 〈북어 대가리〉를 보고 • 95
꿈이 현실로 • 100

3 그만 할 때도 되었다

가래로 막아서야 • 107
가진 자가 주어야 • 113
개천에서 난 용龍 • 118
건배소고乾杯小考 • 123
병들어가는 사회 이대로는 안 된다 • 129
절실한 인성교육 • 132
버는 것은 기술, 쓰는 것은 예술 • 137
인류의 재앙 • 143
주5일근무 소고小考 • 148
그만 할 때도 되었다 • 153

4 그래서 당신을

진정 가셔야만 했습니까 • 159
광란인지 뒤풀이인지 • 165
그래서 당신을 • 170
공무원은 도둑놈 • 174
근무처 여고 • 179
닭서리 재판 • 184
이코노미석을 탄 대통령 • 189
미국 그리고 클린턴 • 195
젊게 산다는 것 • 201

5 당신 있음에

나 그리고 아내와 딸들에게 • 209
아버지와의 목욕 • 215
아우들에게 • 220
사랑한 적은 있는가 • 226
감사하며 사는 삶 • 231
대행부모 • 234
죽는 법 사는 법 • 238
어떤 사랑 • 242
생일이 둘인 사람 • 247

■ 헌시 — 당신 있음에 • 252

1부

매화는 지고

나뭇가지
고향 길 코스모스
매화는 지고
해운대의 아침
봄이 그리워
부부 사랑
그 사람을 갖고 싶다
소리가 눈이다
벽돌 쌓는 심정으로
벗이여

나뭇가지

숙습熟習이 난면難免이란 말처럼 역시 습관은 고치기 어려운 게 사실이다. 퇴직하면 시간이 많아서 평소에 못해본 것을 다할 수 있을 것 같았는데 막상 당하고 보니 여의치가 않다. 날마다 인근 공원에 다녀야겠다고 다짐했었지만 마음뿐이다.

오랜만에 큰마음 먹고 아내와 함께 화산공원을 찾았다. 화산공원은 높지 않은 야산으로 이루어진 도시 자연공원이다. 시市에서 갖가지 운동시설과 편의시설들을 설치하여 언제나 사람들이 끊이지 않는 좋은 곳이다. 단풍이 한창 절정이던 때에 올라갔으니까 2주일도 더 되어서였다. 산책로에는 어느새 낙엽이 수북이 쌓여 있었다. 올여름에는 비다운 비가 제대로 내린 적이 없어서인지 단풍이 여느 해보다 곱게 물들지 않았다. 기상 관측이래 태풍 한 번 없이 여름이 지나간 해가 올해로 세 번째라고 들었다. 그래서 여름에 이은 가을 가뭄으로 단풍이라기보다 차라리 나뭇잎들이 말라버렸다고 해야 맞을 것 같았다. 그 때문에 나뭇잎들도 더 빨리 떨어져 버린 것 같다.

쌓인 낙엽을 밟노라니 낙엽 밟는 소리에 나도 모르게 감성이 예민했던 젊은 시절이 떠올랐다. 청춘 시절에 누구보다도 감성이 풍부했던 나는 아직 떨어지지 못하고 앙상한 가지에 덩그렇게 매달려 있는 나뭇잎을 보고 가여운 마음에 동정을 보내기도 했고, 떨어지는 낙엽을 보면서 쓸쓸해서 눈물을 지은 때도 있었다. 낙엽을 밟을 때는 그 속에 묻히고도 싶었고 낙엽 밟는 소리만 들어도 수줍은 소녀처럼 가슴이 콩닥거리고 얼굴이 붉어져 곧잘 흥분했었다.

가을 정취에 취하고 낭만에 젖어 시詩도 읽고 쓰던 젊은 날이 있었다. 젊음이 그렇게 좋은 것인가 보다. 청춘이 그렇게 싱그럽고 아름다운가 보다. 수십 년을 살아온 지금, 온갖 세파의 무게에 짓눌려 무서우리만큼 감성이 삭막하게 메말라버렸다. 걸핏하면 일렁이는 분홍빛 감정을 주체할 수 없어 시를 쓰고 목가적인 노래를 부르던 나였는데 세상살이가 그런 나를 덮어버리고 말았다. 그래도 아직 감정의 불씨는 남아있는 것인지 바람에 흩날리는 낙엽을 보고 밟으면서 조금씩 가슴이 팔딱거렸다.

낙엽은 종류가 각기 다르지만, 산길에는 함께 섞여 쌓여 있다. 나뭇잎으로서의 사명을 다하고 얼마 안 있으면 진토塵土가 될 처지에 종류를 따져 뭣 하겠는가. 이리저리 홀로 나뒹굴어 보잘것없는 것보다 어우러져서 보기 좋으면 그만이지.

걷는다기보다 낙엽 밟는 소리가 좋아 발로 소리를 만들고 있었다. 한참을 걸어서 공원 능선에 이르렀다. 눈을 들어 주변을 둘러봤다. 전주 시가지가 한눈에 들어왔다. 빽빽이 들어선 건물들과 아파트들이 도심 땅바닥을 뒤덮고 있었다. 형형색색의 건물들은 마치 장난감 상자들 같았다. 금을 그어놓은 것 같은 도로 위로는 수많은 자동차들이 경주하듯 분주히 오가고 있었다.

갑자기 사람 사는 것이 소꿉장난 같다는 생각이 들었다. 상자 같은 아파트, 칸칸이 나누어진 성냥갑 같은 동棟·호號, 그 속에 가족이 모여 산다. 둥지 속의 새의 삶과 사람의 삶이 엇비슷하다. 공중을 나는 새들은 심지도 않고 기르지도 않지만 굶주리지 않고 먹고 산다. 일정한 장소를 정하여 둥지를 만들고 알을 낳고 새끼를 기르는 것을 보면 놀랍다. 먹고 살 일이 걱정도 안 되는가 보다. 용기도 있고 배짱도 좋다. 무얼 믿고 보금자리를 만드는지 모르겠다. 아마도 새들은 하나님의 예비豫備와 역사役事를 믿는가 보다. 그런 걸 보면 사람들이 너무 복잡하고 어렵게 사는 것 같다.

화산공원에는 비교적 키가 큰 나무들이 많다. 굴참나무를 비롯한 참나뭇과 나무, 아까시, 굴참나무가 제일 많고 소나무, 고욤나무가 다음으로 많다. 이따금 팽나무, 산벚나무도 있어 꽃피는 봄이면 조화를 잘 이룬다. 나무마다 잎이 다 떨어져서 셀 수 있을 만큼씩만 붙어 있다. 가는 세월을 못 이겨 다가오는 겨울에 자리를 내주기 때문이다. 잎이 다 떨어진 나뭇가지는 알몸이다. 스산한 늦가을 바람에 몸을 내맡겨 이리저리 흔들리고 있다. 벌거벗은 앙상한 나뭇가지들이 하늘을 수놓고 있다.

나뭇가지는 사람으로 말하면 팔다리와 같은 지체다. 사람에게 팔다리가 없으면 온전한 사람 구실을 못하는 것처럼 나무에도 가지가 없으면 나무의 구실을 제대로 못 한다. 줄기만으로는 더는 나무라 할 수 없다. 아주 작은 꽃나무도 가지가 있다. 가지 없는 나무는 없다. 가지는 줄기와 함께 한몸이다. 그런데도 사람들이 나뭇가지에는 그다지 관심이 없는 것 같아 섭섭하다. 나뭇가지에서 나오는 잎과 꽃과 열매

만이 사람들의 사랑을 독차지한다. 생애를 다하고 떨어지는 나뭇잎과 꽃잎을 보면서도 사람들은 곧잘 흥분하고 감상에 젖지만, 나뭇가지에는 감동하지 않는다. 나뭇가지는 잎을 만들고 꽃을 피우며 열매를 맺게 한다. 가지 없는 잎과 꽃과 열매를 생각할 수 없다. 그러므로 잎과 꽃과 열매는 가지의 것이다. 만약에 가지가 꺾어지면 가지에 매달린 잎과 꽃과 열매도 운명을 같이해야 한다. 가지가 튼튼해야 잎도 무성하고 아름다운 꽃도 만발하며 탐스러운 열매도 맺을 수 있다.

나뭇가지는 묵묵히 사명을 다하며 헌신한다. 잎과 꽃과 열매를 위하여 전지의 아픔도 때로는 감수해야 한다. 잎과 꽃과 열매를 길러내는 것 말고도 새들에게 보금자리도 내어주고 벌레와 곤충들의 서식처를 제공하기도 한다. 겨울이 오면 정든 잎들을 떠나보내야 하는 이별의 슬픔도 맛보아야 한다. 그러다가 함박눈 내리면 온몸으로 그 눈을 받아 힘겹게 버티면서 눈꽃을 만발하게 하여 순백의 눈꽃 세상을 만들어낸다. 그뿐만 아니라 한편으로는 다음 해를 남몰래 준비하기도 한다. 푸르고 싱그러운 녹음을 위하여 잎을 무성히 돋아나게 해야 하고 예쁘고 향기로운 꽃도 피워내야 하며 탐스러운 열매도 맺게 해야 한다. 이렇듯 가지는 쉴 새 없이 가지로서의 자기 몫을 다한다.

그런데도 가지는 자기의 처지를 비관하지 않고 많은 것을 욕심부리지도 않는다. 누군가 가지를 필요로 하는 이가 있으면 용처用處를 묻지 않고 기꺼이 팔 한 짝 다리 한 짝을 내어주는 살신殺身의 자세로 언제나 의젓하다. 사람들은 나뭇가지를 너무 모른다. 나뭇가지가 주는 교훈을 배워야 한다. 예수는 자신을 스스로 포도나무라고 하고 사람들을 가지라고 비유했다. 가지는 포도나무에 붙어 있어야 하고 포도열매는 가지 없이 스스로 열매를 맺지 못한다. 그러므로 포도나무와 가지와 포도 열매는 서로 연합된 일체다. 인생도 마찬가지다. 자기 혼자서 인생을 꽃피우고 열매 맺게 할 수는 없다. 부모 · 형제와 이웃과 사회의 도움이 있을 때만이 인생의 꽃도 피울 수 있고 열매도 맺을 수 있는 것이다.

(2009. 11. 21.)

고향길 코스모스

2009년 추석날. 여느 해처럼 아침 일찍 가족예배를 드린 뒤 서둘러 고향 성묘길에 나섰다. 승용차 네 대에 분승한 우리는 차가 밀릴까 봐 아침 식사는 하지 않고 간식거리를 준비해서 출발했다. 이른 시간이라 그런지 차는 막히지 않았다. 전주를 벗어나 완주군 이서면의 지방도 716호 선에 이르렀다. 길 양옆으로 피어 있는 코스모스가 눈에 들어왔다. 빨강, 분홍, 흰 꽃이 조화 있게 어우러져 피어 있었다. 성묘 가는 우리를 반기는 듯이 흔들며 인사를 했다.

김제를 거쳐 동진대교를 지나면 얼마 안 가 동진초등학교가 나오고 동진초등학교를 끼고 우회전하면 내 고향 산월리로 가는 길이 나온다. 내가 어릴 적 이 길은 요철(凹凸)이 심하고 자갈이 깔린 비포장 길이었다. 나는 5 · 16 군사 쿠데타가 일어났던 1961년도에 동진초등학교를 졸업했는데, 우리 동네에서 학교까지 2㎞가 훨씬 넘는 길을 걸어서 다녔다. 지금은 아스팔트로 포장돼서 5분도 채 안 걸린다. 학교 모퉁이를 돌아 조금 가니 양쪽 도로변에 코스모스 꽃이 장관을 이루고 있었다. 그 길이가 줄잡아 1km는 될 듯했다. 찌는 듯한 삼복더위 속에서도 싹 틔워 준비하면서 가을의 전령 역할을 하기 위하여 여름을 이겨낸 꽃이다. 코스모스는 흔히 가을꽃이라고 하지만 사실은 칠월경부터 꽃을 볼 수 있다. 그럼에도 가을꽃이라고 하는 것은 개화 기간이 가을에 더 많이 걸쳐 있어서 우리에게 가을꽃으로 친숙하게 자리매김하여 있기 때문이다.

청명한 가을 하늘을 향해 해맑게 핀 코스모스를 보면 가슴이 확 트이면서 마음이 깨끗해진다. 코스모스는 다른 꽃들과는 달리 설화나 전설이 별로 없다. 다만, 유럽에서 전해오는 이야기로는 한 연약한 소녀가 정절을 지키기 위하여 가련한 분홍색의 꽃으로 변하고 그 소녀를 몹시 사랑한 남자도 소녀를 따라 흰 꽃으로 변했는데 나중에 이 두 꽃이 변하여 피어난 꽃이 코스모스라고 한다.

코스모스는 가냘프고 연약하지만, 신이 가장 먼저 만든 꽃이라고 한다. 그렇다면 모든 꽃의 시조始祖 꽃인 셈이다. 멕시코가 원산지로 우리나라에는 1910년경 처음으로 들어왔으며, 순수한 우리말 꽃 이름은 '살살이 꽃'이라 한다. 미풍에도 한들거리며 무리지어 춤추는 것 같아서 붙여진 이름인 듯하다.

온갖 추억이 어린 고향길. 그 길 양옆으로 떼로 줄지어 피어 있는 꽃이 코스모스다. 코스모스는 홀로서기 힘들어 형제자매와 모여 줄기로 기둥하고, 선상의 잎으로 어깨동무하여, 여름을 이겨내고 길손을 맞을 준비를 다 끝낸 꽃이다. 가을의 시작을 제일 먼저 알리고 가을의 끝자락과 함께 일생을 마친다. 크고 작은 줄기로 조화를 이루고 빨강, 분홍, 흰색으로 단장하여 무리를 지어 기다랗게 서 있는 모습은 영락없이 연도沿道의 환영 인파다. 도로 안쪽으로 몸을 비스듬히 하고 예쁜 꽃잎 얼굴들을 내밀며 앞다퉈 자기를 확인시키려는 몸짓들을 보면 마음을 다하여 환호하는 모습 같다. 꽃잎 얼굴을 상하 좌우로 연신 흔드는 것을 보아도 분명 반갑고 기쁜가 보다. 미풍에도 한들한들 몸을 흔드는 모습을 보면 아름다운 선율 속의 율동 같기도 하다. 엷은 바람이 간지러운 탓일까? 그런 꽃들의 마음을 알지도 못하고 자동차는 그 앞을 도망치듯 달린다. 그래도 코스모스는 야속한 길손들이 멀어져가는 뒷모습을 바라보며 일제히 몸과 고개를 땅에 닿도록 숙이며 정중하게 인사를 보낸다. 그리고는 뒤따라오는 손님을 맞으려고 다시 몸을 일으켜 매무새를 고친다.

고향길에 피어 있는 코스모스는 추석 명절이면 다른 꽃들보다 더 바쁘고 피곤하다. 며칠 전부터 찾아오는 귀성객들 덕분에 예행연습은 했다지만 그래도 추석 당일에는 온종일 정신을 못 차린다.

옛날 추석에는 걸어서 고향을 찾는 이가 많아 가끔 길손들로부터 귀여움도 받고 사랑도 받았지만, 요즈음은 찾는 길손들이 사람이 아니고 쇳덩이들뿐이다. 격려는커녕 공기를 가르며 세차게 달리는 자동차의 바람 때문에 몸만 90도度로 구부려 인사해야 하니 겪는 고통이 이만저만이 아닐 것이다. 숨 돌릴 겨를도 없이 몰려오는 자동차의 행렬은 코스모스를 너무나 힘들게 한다. 그래도 끄떡없다. 견딜만한가 보다. 지쳐 피곤한 내색도 없다. 오히려 말은 안 해도 한없이 반갑고 기분 좋은 모양이다. 수줍은 듯 꽃잎 얼굴들을 줄기 사이로 감추었다가는 내밀고, 또다시 부끄러운 듯 붉어진 얼굴을 고개 숙여 숨기곤 한다. 앳되고 가녀린 소녀의 얼굴 같다.

코스모스의 꽃말은 소녀의 순정, 소녀의 진심, 소녀의 순결, 애정 등이다. 꽃말처럼 코스모스는 차마 드러내놓고 말은 못하지만, 순정을 지닌 청순하고 가냘픈 소녀 같은 수줍은 꽃이다. 코스모스는 순박하고 청초한 시골 처녀 같은 꽃이다. 어쩐지 한적하고 천연스런 시골 농촌에 어울리고, 티 없이 맑고 깨끗한 가을 하늘에 잘 어울리는 꽃이다. 흙냄새, 풀냄새, 고향냄새와 궁합이 맞는 꽃이다. 빼어나게 화려하거나 사치스럽지도 않은 꽃이다. 수수하지만 볼수록 정감이 가는 꽃이다. 혼자는 안 어울리고 여럿이 모여 있어야 어울리는 협동과 화합의 꽃이다. 꾸밈 없고 가식 없이 일부러 멋을 부리지 않았지만 여덟 개의 꽃잎으로 넉넉하고 여유가 있는 꽃이다. 원색의 빨강, 진분홍, 연분홍, 순백의 꽃 색깔은 마치 여인네의 화사한 옷 색깔 같다. 연약한 줄기에 마주하고 나온 선상線狀의 잎은 하늘거릴 때마다 긴 한복 치마를 입고 사뿐사뿐 춤추는 여인의 자태와도 같다. 다른 꽃도 그렇지만 코스모스처럼 화려하지도 않으면서 사람 마음을 깨끗하게 해주고 차분히 가라앉히는 꽃도 없는 듯하다. 그러기에 일찍이 중국의 화요법花療法에서는 코스모스를 사람의 심신이 지쳐 있을 때 특효가 있는 꽃이라고 했는가 보다.

사람들은 코스모스가 온몸으로 정성을 다하여 영접한 사실을 알지도 못한 채 코스모스 앞을 자동차를 타고 스쳐 지나가 버린다. 코스모스는 수고의 대가나 반대급부는커녕 자칫하면 몸만 다칠 수 있다. 어릴 적, 자갈길이었던 길 양옆으로 군데군데 피어난 코스모스 꽃잎을 따서 바람에 날리며 그 꽃잎 따라 뛰고 걷던 때가 생각난다. 그 시절 피어났던 코스모스는 세월 따라 추억 속으로 묻혀 버렸다. 올해 핀 코스모스는 그때 피었던 그 코스모스가 아니다. 수십 년의 세월이 흘렀다. 올해 코스모스는 그때 그 코스모스의 수십대 후손이다. 그런데도 그때 피었던 그 할아버지 코스모스 꽃과 올해 핀 손자 코스모스 꽃이 똑같다. 그러나 나는 그때 그 꽃을 본 내가 아니고 세월에 짓눌려 일그러진 지금의 나일 뿐이다. 코스모스처럼 나도 해마다 새롭게 태어나서 꽃피우며 살 수는 없을까? 비록 몸은 해마다 거듭나지 못할망정 마음이라도 해마다 새로워져야겠다. 오는 겨울을 순리로 받아들여 조용히 몸을 내어주는 코스모스처럼 연말이면 내 마음을 다 비우고 지워 하얀 백지로 새롭게 단장하여 다음 해에 쓸 요량으로 준비해야겠다.

집으로 돌아오는 길에도 코스모스가 그대로 피어 있다. 어느새 알아차렸는지 환송 인사를 할 채비를 하고 있다. 자동차가 지나치려는 순간부터 미리 몸을 반쯤이나 구부리더니 지나친 자동차 꽁무니 쪽에 대고는 아예 직각으로 몸을 굽혀 잘 가라고 인사를 한다. 차나 사람들이 자기를 어떻게 대하든지 상관하지 않고 한결같이 환영하고 환송한다.

코스모스는 알고 있다. 이 길로 다녀간 사람들이 누구고 어떤 사람들인가를. 부자도 있고 가난한 사람도 있다. 성공한 사람도 있고 실패한 사람도 있다. 기쁜 사람도 있고 가슴 아프고 슬픈 사연을 지닌 사람도 있다. 그러나 코스모스는 말이 없다. 그리고 누구에게나 똑같이 대우한다. 묵묵히 자기 사명만 충실히 감당한다. 추석이 지나면 코스모스는 고향을 찾은 길손들 때문에 종일토록 허리 펼 사이 없이 몸을 굽혀 인사하느라 기진맥진하여 몸이 휠 것이다.

그리고 얼마 안 있어 찬 서리가 내리면 조용히 생을 마감할 준비를 할 것이다. 가을과 함께 사라질 것이다.

코스모스는 웅변한다. 가을이면 비록 많은 사람이 국화를 더 좋아한다고 해도 국화를 닮고 싶지 않다고. 끝까지 코스모스로서의 일생을 살고 싶다고. 그리고 코스모스가 가야 할 길만 묵묵히 걸어가야겠다고.

(2009. 10. 3. 추석날 밤에)

매화는 지고

가끔 지인들을 만나면 "요즈음 어떻게 지내는가? 뭘 하면서 소일하는가?" 라고 묻는다. 퇴직 후에 뚜렷한 직장에 재취업했다는 소식을 들은 바 없기 때문일 것이다. 사실 서너 군데에서 손짓도 했지만 탐탁스럽지 않고, 내가 하고 싶은 일을 하면서 지내고 싶어서 몸이 묶일 정도의 소속은 두지 않고 지낸다.

"대학 강의 나가고 글 쓰고 운동도 하면서 지냅니다. 백수가 왜 이렇게 바쁜지 모르겠습니다."

"그러면 됐어. 하여간 바쁘면 좋아."

대다수 사람이 바쁜 건 좋다고 말한다. 날마다 하는 일이 특별히 많은 것 같지도 않은데 정말로 하루가 짧다. 어찌나 시간이 잘 가는지 번쩍하면 일주일이고 한 달이 번개다. 일상을 벗어나 교외로 나가는 일도 어렵다. 공직에 있을 때도 그랬지만 그때는 출장이랍시고 시외를 벗어나서 계절 바뀌는 정도는 알고 지냈는데…….

내가 사는 아파트는 시市로부터 '아름다운 건축상'을 받았다. 동과 동의 배치를 지그재그로 해서 공간마다 각종 편의시설이 잘 갖춰져 있고, 갖가지 꽃과 나무로 조경해서 경관이 잘 어우러진 아름다운 아파트다.

아파트 모퉁이를 막 돌아서면 매화나무가 몇 그루 심어져 있다. 나는 이 매화를 무척 좋아한다. 실제 매화의 탄생은 그 이전이겠지만 내가 이 아파트로 이사 온 지가 7년째이니까 매화도 그쯤 되었다. 몇 년생 묘목을 심었는지 모르지만 처음 2~3년 동안은 꽃을 못 본 것 같다. 그때는 나무의 크기도 작아서 눈에 들어오지도 않았지만, 꽃도 피지 않으니까 그냥 지나쳐버렸을 것이다.

몇 년 전 공직 시절 어느 날 아침, 출근하려고 집을 나서다 만발한 매화를 보고 경탄한 나머지 발을 멈췄다. 매화가 매우 아름다웠다. 일찍이 꽃을 보고 그렇게 감동한 적이 없었다. 살면서 수많은 꽃을 보아왔지만 유달리 그날은 그랬다. 그동안 별생각 없이 꽃을 보아온 것일까? 아니면 마음의 여유가 있던 차에 매화를 본 것일까? 그도 아니면 활짝 핀 매화가 너무도 아름다워서였을까? 아직도 그때의 감흥을 잊을 수가 없다. 다른 사람보다 후각이 둔감한 나는 꽃향기를 잘 맡지 못한다. 더군다나 귀로 듣는 향기라고 할 정도로 고요해야만 맡을 수 있다는 매화 향기는 여간해서 맡지 못한다. 많은 사람이 매향에 취해 매화를 노래하고 시를 짓는데 나는 그 향기를 쉽게 감지하지 못하니 안타까운 일이다. 코끝을 꽃잎에 바짝 갖다 대어야 냄새를 안다. 단아하고 고결한 자태로 예부터 많은 선비의 사랑을 받아온 매화, 해마다 매화로 인하여 봄임을 안다. 매화보다 먼저 피는 동백이나 산수유도 있지만, 이들은 겨울의 끝자락에 피는 꽃들이다. 겨우내 모진 강추위 속에서도 어김없이 준비하여 봄의 시작을 제일 먼저 알리는 꽃이다. 매화는 겨우내 언 땅이 아직 다 녹지도 않았는데 고운 꽃을 피워내고 매향을 뿜어낸다. 눈[雪]과 달빛으로 핀

다는 꽃이다. 봄이 와서 매화가 피는 것이 아니라, 매화가 피어서 봄이라고 할 만큼 봄의 전령이다. 이른 봄에 다른 꽃들보다 먼저 꽃을 피운다고 해서 화계花界의 영수領袖, 화형花兄, 화중왕花中王이라고 부르기도 한다. 또한, 청우淸友, 청객淸客이라고도 하는데, 모두 다 매화의 청초하고 고결한 품성을 기려서 하는 말이다. 흔히들 매화를 아름다운 여인에 비유한다. 그 이유는 아마도 혹심한 추위와 눈 속에서도 강인함으로 흐트러짐 없이 견디고 꽃을 피워내는 모습이 절개와 지조의 표상이어서 그럴 것이다. 또한, 작지만 야무지고 미소를 머금은 듯 청아하고 정신까지 깨끗하게 해주는 꽃과 향기 때문일 것이다. 매화의 향기는 아몬드, 재스민 등과 같은 향기의 성분 중 일부가 조합되었다고 한다. 매화가 청초하고 고결하다고 한다면 매향은 가슴속 깊이 파고들어 영혼까지 맑게 하는 청향淸香이다. 유월 우기에 열매를 맺는 매실 또한 한방에서 사용하는 중요한 약물이 아니던가. 이렇듯 매화는 꽃과 향기 열매 모두 다 우리를 충분히 매료시킬 만한 아름다움을 지녔다.

자연의 질서는 무서우리만큼 정확하다. 세상이 요동치고 요지경 속이라도 자연은 의연하고 흔들리지 않는다. 우리가 세상사에 아무리 바쁘고 급하다고 해도 자연은 서두르거나 앞지르지 않는다. 어김없이 질서를 지킨다. 깜빡 잊거나 시기를 놓치지 않는다. 사람들이 무심코 지내도 자연은 때를 용케도 안다. 자연의 질서 때문에 사람들이 계절을 의식하고 느낀다.

유난히도 올해는 삼월에 눈도 오고 비도 많이 내렸고 봄을 시샘하는 꽃샘추위가 기승을 부렸다. 그렇지만 매화는 어김없이 꽃망울을 터뜨리며 봄의 시작을 알려왔다. 아직도 겨울인가 했다가 매화의 수줍은 미소를 보고 봄임을 알았다.

봄은 일 년을 시작하는 첫 계절이다. 봄은 또한 만물을 소생케 하는 생명의 근원이기도 하다. 해마다 봄은 오지만 그 봄이 싫증나지 않고 기다려진다. 봄 안에 신비가 있고, 새 생명이 있으며 희망이 있고 기대가 있기 때문이다. 얼어붙어 단단한 흙을 비집고 땅 위로 올라오는 새싹들의 용틀임은 신비롭기까지 하다. 가냘프고 연약하기 그지없는 연록의 새싹들을 보면 경탄하지 않을 수 없다. 새싹은 약한 바람에도 흔들리고 손만 대면 부러지고 뽑힐 것 같지만 강인한 힘이 있다. 새싹은 생명이고 생명의 힘은 위대하다. 새싹에서 삶의 희망과 용기를 배운다. 새싹처럼 삶의 무게를 들어 올리며 살 수 있어야 한다. 봄은 생명의 보고이면서 신비롭고 아름다운 비밀이다. 우리는 봄 안에 숨어 있는 비밀을 모른다. 나는 봄의 비밀을 알려 하지도 않는다. 그냥 봄은 봄이어야 아름답기 때문이다.

한동안 매화와 더불어 행복했는데 어느새 매화가 지고 있다. 매화만이 독차지하라는 봄이 아님을 매화는 알고 있다. 매화는 목련, 개나리, 진달래, 벚꽃 등 잇따라 피어나는 봄꽃들에 꽃의 자리를 내어줄 줄을 안다. 매화는 꽃으로서의 생명을 다하고 지지만 매실을 맺어 또 희망과 기대를 하게 한다. 비록 매화는 지지만 나는 서러워하거나 아쉬워하지 않으련다. 1년 뒤에 다시 오겠다는 매화의 약속을 믿기 때문이다. 매화 꽃향기에 취해 시작한 봄, 봄 내내 수많은 꽃향기에 도취되어 작취미성이었으면 좋겠다. 백목련 자목련 속에 묻히고 싶고 샛노란 개나리꽃 물에 들고 싶다. 흐드러지게 피어난 벚꽃의 꽃비와 꽃눈을 실컷 맞아보고 싶다. 온갖 꽃으로 꽃 벼락이나 몽땅 맞았으면 좋겠다. 꽃 속에 묻혀 꽃 때문에 꽃 멀미나 오랫동안 났으면 좋겠다.

(2010. 4. 7.)

해운대의 아침

올해 들어 꼭두새벽에 잠이 깨는 버릇이 생겼다. 일부러 일어나려고 하는 것도 아닌데 저절로 잠이 깬다. 작년 말쯤에 성경 통독을 한다고 새벽 시간대에 억지로 일어나곤 했더니 그 때문인지 없던 버릇이 생긴 것이다. 덕분에 새벽에 기도도 하고 글도 쓰는 시간이 생겨 속으로는 재미가 쏠쏠하지만 잠이 깨는 시간이 일정치 않아 생활이 불규칙해지고 낮이면 몸이 나른해지기도 한다.

눈을 떠보니 아직 어둠 속이다. 고요와 적막만 무겁게 흐르고 있다. 생각해보니 누워 있는 곳이 집이 아니라 글로리 콘도 1301호실이다. 어제 제19회 영호남嶺湖南 수필문학회 모임이 이곳 부산 해운대에서 있었기 때문이다. 지난해에 이 문학회에 가입한 뒤 처음으로 행사에 참석했다. 어젯밤, 우리 일행은 일찌감치 잠자리에 들었지만 몇몇 다른 시·도 팀이 뒤풀이라도 했는지 늦게 들어오면서 파안대소로 떠들어대는 통에 아마 새벽 1시가 넘어서야 잠이 들었을 거다. 머리맡에 놓아둔 휴대전화를 끌어당겨 보았더니 새벽 4시 45분이다. 요즘 습관대로라면 잠을 더 자기는 틀렸다는 생각이 들었지만 여럿이 자는 터이라 꼼짝없이 조용히 있을 수밖에 없었다. 사실 내가 이번 행사에 참석을 고집한 것은 개최지가 부산이라는 이유 때문이었다.

나는 부산에서 꼬박 3년간의 군대생활을 했다. 꿈도 많고 희망도 많은 피 끓는 젊은 시절 한때를 이곳에서 보냈다. 이곳 부산은 연고가 없는 곳이지만 그래도 군 생활 덕에 지금까지도 가끔 소식을 주고받는 사람도 생긴 추억어린 곳이다. 나는 군 시절에 맡은 업무 때문에 시내 곳곳을 돌아다녀야 했다. 해운대도 그 중의 한 곳이다. 제대除隊한 지 36년 만에 해운대를 다시 찾은 것이다. 눈을 감은 채 지난날의 군대생활을 회상해 보았다. 그때도 어찌나 일복이 많았던지 부대 안팎으로 동분서주했던 기억이 제일 먼저 떠오른다. 왜 그렇게 바빴던지 한가로이 시내 구경 한번 제대로 못 했던 것 같다. 설상가상으로 그 무렵 우리 집안은 풍비박산風飛雹散이 나서 가족이 두 갈래 세 갈래로 흩어져 사는 최악의 상황이었다. 그야말로 악몽 같은 시절이었다. 그 시절, 집안을 추슬러야 할 나는 마음이 있어도 어찌할 수가 없는 영어囹圄의 몸이었다. 지금도 그때 일을 생각하면 끔찍하다. 집안 사정 때문에 군 생활의 추억이 바쁘게 일하고 마음고생 한 것 말고는 별로 없다. 그 시절 탁 트인 남쪽 바다를 바라보며 마음을 달래던 곳이 바로 해운대였다.

그런저런 생각을 하다가 다시 휴대전화의 시간을 보니 5시 35분이었다. 자리에서 일어나 화장실로 가 샤워를 하고 나오니까 다른 일행들도 모두 다 일어났다. 약속이나 한 것처럼 바닷가로 나가잔다. 아직 어둠이 채 가시지 않은 여명黎明의 아침이었다. 철썩거리며 간헐적으로 밀려오는 파도소리가 서서히 어둠을 밀어내고 있었다. 갈매기 떼와 인근 어디선가 바다를 찾아 나온 집비둘기들이 멋진 비상을 하며 아침 인사를 나누었다. 남쪽 어디에서 생겨났는지 모르지만, 바다를 가르고 해변까지 찾아온 시원한 바닷바람이 얼굴을 간질였다. 해운대 동쪽 끝에서부터 해변을 따라 즐비하게 들어서 있는 호텔을 비롯한 수많은 빌딩이 숲을 이루어 병풍처럼 둘러 있다. 아직 꺼지지 않은 불빛이 물에 비쳐 화려하고 영롱했다. 모래밭에 새겨진 수많은 발자국은 물결로 다 지워져 버렸다. 어쩌다가 물이 만들어졌고 바다가 생겼는지 모르겠다. 창창蒼蒼하고 망망茫茫한 대해大海. 베일에 싸인 수많은 비밀의 보고寶庫. 새삼 자연의 신비에 놀랄 뿐이다. 그런 바다는 말이 없다. 그러나 바다는 웅변雄辯한다. 속 좁게 살지 말고 크고 넓게 살라고. 끌어안고 보듬고 묻어버리라고. 훌훌 털어버리고 웃으며 살라고. 물도 말이 없다. 그러나 물은 가르친다. 물은 물이 갈 길이면 어떤 길이든지 멈추지 않고 간다. 그 길이 험하든 험하지 않든 상관하지 않는다. 가시밭길이든 자갈길이든 탓하지 않는다. 가다가 더디 가게 하는 장애를 만나면 순응해 돌아가기도 하지만, 잠시 머물러 세력을 몇 배로 키워 돌진하기도 한다. 물은 다른 것 때문에 자신이 더러워져도 원망하지 않고 스스로 맑아지려고 할 뿐만 아니라 다른 것의 더러움을 씻어준다. 물은 항상 다른 것의 모양에 맞춰 담기면서도 언제나 평형을 이룬다. 물은 출신이 다른 물과도 쉽게 합하며, 얼음이 되고 구름이 되고 비가 되지만 그렇다고 물 고유의 성질까지 잃어버리지는 않는다. 바다처럼 살고 싶고, 물을 닮고 싶다.

해안가를 따라 조성된 수변공원과 모래밭을 경계로 하는 마루 길을 천천히 걸었다. 청청靑靑의 상징인 소나무들과 보기 좋게 잘 다듬어진 동백나무들이 함초롬히 이슬을 머금은 채 산책 나온 손님들을 맞고 있었다.

5분 정도나 걸었을까 드디어 동이 텄다. 해운대에서의 일출을 본 것이다. 빨갛게 달궈진 불덩어리가 찬란한 광채를 띠면서 남쪽 바닷속에서 불끈 솟아올랐다. 눈이 부셔서 똑바로 바라보기가 어려웠다. 물위에 비친 햇살은 황홀경 바로 그것이었다. 떠오르는 태양과 함께 멀리서 갈매기 떼들이 새로운 하루의 시작을 알리며 날아오고 있었다. 멀찌감치 무겁게 떠 있는 무역선 한 척이 마치 바다 위의 빌딩 같았다. 언제 나타났는지 유람선 한 척도 오늘 여정을 예행연습이나 하는 양 잔잔한 물살을 가르며 지나갔다.

형형색색의 옷차림을 한 사람들이 많이도 쏟아져나왔다. 웰빙 생활을 위한 노력일 것이다. '언제까지나 언제까지나 헤어지지 말자고~' 라고 시작되는 〈해운대 엘레지〉와 '꽃피는 동백섬에 봄이 왔건만~' 으로 시작되는 〈돌아와요 부산항에〉의 대중가요 노래비가 있는 곳을 조금 지나니까 놀랍게도 동호인들로 보이는 20여 명의 스쿠버다이버(scubadiver)들이 모래밭에 모여서 체조를 하고 있었다. 10월 하순인데도 아랑곳하지 않고 물속에 들어갈 요량인가 보다. 젊음이 부러웠다. 튼실하게 만들어 놓은 마루 길을 따라 걷노라니 크고 작은 암석들이 모여 있는 곳이 나왔다. 50대 후반쯤으로 보이는 허름한 옷차림의 한 아주머니가 소주병과 안줏거리 몇 가지를 바위에 올려놓고 무릎을 꿇고 앉아서 바다를 향하여 두 손 모아 뭔가를 열심히 서원誓願하고 있었다. 또 그 옆으로는 80이 넘게 보이는 할아버지가 두 손을 합장하고서 떠오르는 태양을 향하여 연신 고개를 숙이며 기도하고 있었다. 도대체 믿음이란 무엇일까? 바다와 해가 무엇인데 그들 앞에 머리를 조아리고 빌면서 바라는 바를 이루게 해달라고 매달리고 애원하는 것일까? 바다와 해의 능력이 검증된 것도 없는데 사람들은 왜 그럴까? 막연히 사람으로서는 어찌할 수가 없어서 위대한 자연에 인간의 한계를 하소연하는 게 아닐까? 아마도 서원은 자기 도피와 위안의 또 다른 수단이고 방법이리라.

바다와 접한 동백섬의 끝자락에 세워진 등대에 다다랐다. 사람들이 제법 많이 모여 있었다. 멀리 대마도가 희미하게 보이고 오륙도가 한눈에 들어왔다. 오른쪽으로는 APEC 정상들이 모여 회담을 하였다는 누리마루가 있고 바다를 가로질러 건설된 부산의 명물 광안대교가 물 위에 떠 있는 길처럼 보였다. 광안대교는 현수교로 교판橋板이 2층으로 되어 있어 1, 2층 모두 차가 다닌다. 등대 밑 조금 떨어진 바닷가를 보니 물새 떼처럼 보이는 스쿠버다이빙 동호인들이 모여서 유영을 하고 있었다. 조금 전에 보았던 사람들인 듯했다. 약속하지도 않았는데 등대 쪽에 모여 있는 사람들과 스쿠버다이버들이 번갈아 '야호!'라고 함성을 몇 차례 질러댔다.

산책로를 따라 숙소를 향해 돌아오는데 60이 갓 넘은 듯한 한 아주머니가 셔츠와 '몸빼(monpe)' 차림을 하고 목이 터져라, 큰 소리로 노래를 부르며 또박또박 걷고 있었다. 걷는 모습을 보니까 다리와 팔에 약간 장애가 있는 듯했다. 정신적 장애가 있는지는 모르지만, 유행가 가사는 틀리지 않았다. 모두 힐끔힐끔 아주머니를 바라보지만 아주머니는 여전히 아랑곳하지 않고 목청껏 큰 소리로 계속 노래를 불렀다. 마치 한풀이를 하는 것 같았다. 점점 가느다랗게 들리는 아주머니의 노랫소리가 메아리 되어 귓전에 들려왔다. 해운대의 아침은 그렇게 시작되고 있었다.

(2009. 10. 25.)

봄이 그리워

4월 28일이다. 4월의 끝자락이다. 평년대로라면 봄이 한창 일 때다. 그런데 오늘 날씨는 봄이 아니다. 전국 내륙지방의 기온이 영하권으로 남원지방이 영하 2.2℃다. 낮 최고 기온도 서울이 7.8℃이고 전국 대부분 지방이 10℃ 안팎이었다.

강원도 설악산과 서울의 관악산, 대구의 팔공산, 광주의 무등산에는 눈이 내렸고 일부 지방에서는 우박과 비가 내리는 궂은 날씨였다. 그뿐만 아니라 해안 지방을 중심으로 돌풍과 강풍 주의보가 내려졌다. 초겨울 날씨보다 추운 날이다.

오늘 아침 엉겁결에 얇은 옷을 입고 공원 산책길에 나섰다가 추워서 혼났다. 점심때 모임에 나갔더니 참석자들 모두가 겨울옷차림이었다. 옷장 속에 넣어두었던 겨울옷을 다시 꺼내 입었다고 했다. 겨울이 아직도 안 물러갔는지 다시 오는지 헷갈리는 요즈음이다. 모두 때 아닌 겨울 같은 봄 날씨를 화두로 삼았다.

기상청 발표로는 오늘 같은 날씨는 4월 하순 날씨로는 1908년 기상관측이 시작된 이래 102년 만에 처음이라고 한다. 앞으로도 당분간 이와 같은 날씨는 간헐적이지만 5월 상순까지 계속될 것이라고 한다.

올봄은 봄날 같은 날씨가 별로 없다. 겨울의 끝인가 했던 지난 2월에도 추위가 여전했으며, 3월에도 많은 양의 비가 자주 내리고 눈도 몇 차례 오면서 겨울이 떠나지 않았음을 실감케 했다. 4월 들어서도 기대했던 봄 날씨는 반짝 며칠만 지속하다가 궂은 날씨를 자주 보였다. 햇볕이 나는 날이면 곧잘 평년 기온을 웃도는 초여름 날씨를 보였다.

최근 날씨는 기상이변이 분명하다. 4계절이 뚜렷했던 우리나라, 이젠 옛말이 되었다. 작금의 기후변화를 보면 봄과 가을이 없는 것 같다. 춥기 아니면 덥기다. 따뜻한 봄인가 하면 더운 여름의 문턱이고 시원한 가을바람인가 하면 어느새 스산한 겨울바람이다. 그야말로 여름과 겨울만 있다.

무분별한 난개발과 환경오염 등으로 지구의 온난화가 가속되어 빙하가 무너져내리고 급격한 기후변화가 일어난다. 기상이변은 생태계의 파괴와 더불어 기상재해로 이어지고 있다.

계절은 봄이어야 하는데 겨울이니 어찌해야 좋을지 모르겠다. 예사로운 일이 아니다.

봄은 생명의 탄생을 의미하고 시작을 뜻한다. 봄은 따뜻한 사랑과 낭만이 있는 계절이다. 봄은 봄볕과 아지랑이, 새싹과 꽃을 볼 수 있다는 기대와 희망을 예고한다. 그런데 올봄에는 아직 아지랑이를 보지 못했다. 다행스럽게도 산수유, 매화, 목련, 개나리, 진달래, 벚꽃 등 봄꽃들은 구색을 갖춰 볼 수 있었다. 그러나 개화 기간은 여느 해보다 짧았던 듯싶다. 피어난 꽃들을 보면서 봄을 느낄 수 있어서 다행이었지만 봄다운 봄이 아니어서 못내 아쉽다.

아지랑이 아른거리는 봄날, 그 속을 거닐며 꽃에 반하고 향기에 취했던 지난날의 아름다웠던 봄이 잔영으로 다가온다. 꽃을 찾아 이리저리 옮겨 다니는 벌과 나비도 보고 싶고 '이랴!' 하고 소를 몰아 논밭을 가는 농부의 모습도 그리워진다. 볏짚 울타리 밑 양지바른 쪽에 모여앉아 소꿉장난하던 어린 시절의 봄이 떠오르고, 긴긴 봄날 고구마 두 개와 김치 한 가닥으로 끼니를 때우던 생각도 난다.

봄은 계절의 여왕이라고 하는데 온전한 여왕의 모습을 볼 수 없으니 안타까운 일이다.

기상청에 따르면 2월 초순부터 4월 중순까지 전국 평균 일조시간은 382.2시간으로 평년의 75% 수준이라고 한다. 평균 강수량도 223.4mm로 평년치보다 37%가 많았고 강수 일도 29.7일로 평년보다 46%나 늘었다고 한다. 전국 주요 도시의 일조시간도 4월 중순에는 평년의 70% 안팎이고 특히 4월 21~26일 사이에는 하루에 평균 3.8~5.5시간에 그쳤다고 한다. 잦은 비와 일조량 부족 현상은 농작물의 피해로 이어지고 있다. 최근 채소류와 과일류 값은 상식 수준을 넘고 있다. 하루가 다르게 천정부지로 값이 오른다. 모악산 가는 길목 옆 과수원의 배꽃이 결실도 못 하고 흑갈색으로 변해가고 있었다. 저온으로 냉해를 입은 것일 게다. 밭작물은 물론이고 각종 시설채소도 피해가 상당하다. 올해 싼값에 질 좋은 과일 사 먹기는 다 틀린 것 같다.

일조량 부족으로 전국적으로 14,000여 ha의 농작물이 피해를 입었다고 한다. 정부에서는 이번 피해를 농업재해로 인정하였다. 일조권 부족으로 입은 피해를 재해로 인정하기는 이번이 처음이다.

예기치 못했던 때아닌 추운 날씨로 여러 분야에서 전에 볼 수 없었던 일들이 나타나고 있다. 백화점에서 의류는 소매가 긴 점퍼류, 바람

막이, 모피 등이 예년 동기보다 2배 정도 더 팔리고 있고 냉방기 등은 판매가 저조하다고 한다. 관광업체도 봄나들이 관광이 예년보다 많이 줄어 울상이라고 한다.

예년 같으면 아이스크림이나 빙과류가 팔리기 시작할 때지만 아직도 따뜻한 음식이 평년보다 2~3배 정도가 더 팔린다고 한다.

최근 들어 지구촌이 온통 난리다. 아이티에 이은 칠레, 중국 등 지구촌 곳곳에서 전례 없던 대지진이 일어나 수많은 사람이 생명과 재산을 잃었고, 아이슬란드의 화산재 분출은 유럽 전역은 물론 아시아권 일부까지 하늘을 뒤덮으면서 여러 나라의 항공노선이 상당 기간 발이 묶이는 사태가 벌어졌다. 또 집중 호우나 토네이도 같은 강력한 돌풍 때문에 역시 많은 인명과 재산 피해가 속출하고 있다. 이외에도 전 세계를 휩쓴 신종플루의 만연, 돼지와 소 등 가축에 나타나는 구제역을 비롯한 가축의 질병이 국경 없이 넘나들고 있다. 미국에서의 총기 난사, 중국에서의 무차별적인 칼질 등 사건 · 사고도 줄을 잇는다. 국내에서도 초계 중이던 군함 천안함의 침몰로 46명의 해군 용사가 안타깝게도 고귀한 목숨을 잃었다. 나라 안팎으로 어수선하고 뒤숭숭한 차에 날씨까지도 철을 모르고 변덕을 부리고 있으니 참으로 심란하다.

봄은 봄에 걸맞는 날씨여야 한다. 봄에는 새싹과 새순이 돋아나야 하고 꽃이 피어야 한다. 아지랑이가 피어나고 개구리가 겨울잠에서 깨어나야 한다. 봄철인데 겨울에 있어야 할 것들이 있으니 어찌 된 영문인지 모르겠다. 삼동三冬을 견디며 기다려 왔는데 봄 같은 봄은 아직 오지 않고 있다. 춘래불사춘春來不似春이다. 봄이 다 가는데 봄은 아직도 멀리 있는가 보다. 지난날의 봄 같은 봄은 정녕 오지 않으려는 것인가? 어릴 적 추억의 그 봄이 그리워진다. (2010. 4. 28.)

부부夫婦 사랑

나는 지금까지 아내와 오랫동안 떨어져 살아본 적이 없다. 고작 떨어져 지냈다고 해야 공직 시절 보름 정도 외국 출장 간 것이 전부다. 근무지를 두어 번 정도 옮긴 때도 있었지만, 그때마다 집을 떠나 있어야 할 만큼 먼 거리가 아니었다. 그러기도 쉽지 않은 일이다. 요즘엔 주말부부는 보통이고 한 달 만에 만나며 사는 부부도 있는 것을 보면 그저 감사할 뿐이다.

같이 있을 때는 덤덤하게 지내다가도 며칠만 떨어져 있으면 금방 빈자리가 표가 나는 게 부부다. 며칠 전 서울에 사는 둘째 딸이 아기를 갖게 되어 입덧을 심하게 하는 바람에 아내는 딸 집에 머물게 되고 나는 혼자 집에 남아있었다. 때맞춰 밥 챙겨 먹고 설거지와 청소하는 것 정도는 아내만큼은 못해도 그냥 내 방식대로 하면서 지낼 수 있었다. 그런데 화초를 가꾸는 일이랄지 전자레인지 사용 방법 등은 일일이 아내에게 물어봐야 하고 설명을 들어야 했다. 또 어디에 무엇이 있는지 몰라서 답답한 게 한두 가지가 아니었다. 평소에 내 소관이 아니라고 여기고 건성으로 지냈기 때문이다.

며칠간 텅 빈 아파트에서 혼자 지내면서 크고 넓은 아내의 자리를 보았다. 집 안 구석구석 아내의 손길이 닿지 않은 곳이 없었다. 어디 하나 아내의 손때가 묻지 않은 곳이 없었다. 심지어 나만 혼자 쓰는 서재의 책상과 필통까지도 간섭한 흔적이 역력했다. 아내가 늘 앉았던 소파의 그 자리도 비어 있고 아내가 눕던 침대의 반쪽도 비어 있었다. 아내의 냄새만 배어 있고 아내는 없었다. 기분이 이상하고 야릇했다. 공기의 소중함을 모르듯 부부가 같이 있을 때는 못 느끼다가 잠시라도 혼자가 되면 상대의 소중함을 절실히 느낀다. 아침저녁으로 아내는 전화를 해서 내가 제 시간에 일어났느냐 밥은 챙겨 먹었느냐고 확인한다. 아침에 일어나면 제일 먼저 창문을 열고 환기부터 시키고 외출할 때나 잠자리에 들기 전에 문단속도 신경 쓰라면서 신신당부한다. 아내는 내가 믿기지 않고 마음이 놓이지 않는가 보다. 마치 어린 애를 집에 두고 먼 길 떠난 어머니 같다. 아내가 바라보는 가정에서의 나는 어린아이 수준인지도 모른다.

부부란 무엇일까? 한 남자와 여자가 만나 남편과 아내의 연을 맺은 사람들, 성性이 다른 두 사람이 합하여 이룬 관계, 둘이면서 하나인 게 부부이고 또한 하나인 듯하다가 둘인 게 부부다. 살을 맞대도 흉이 안 되고, 이불 하나로 두 몸을 같이 덮어도 괜찮은 게 부부다. 한 그릇에 밥을 비벼서 수저 하나로 같이 먹고, 아내가 입을 대고 마신 물잔을 남편이 마셔도 걱정되지 않는 게 부부다. 무엇이든 네 것 내 것 따지지 않고 한타령으로 쓰고 지내는 게 부부다. 가까우면서도 어떨 땐 멀고 먼 듯하다가도 가장 가까운 게 부부고, 곁에 있어도 애틋하고 그리운 게 부부다. 부부 싸움은 칼로 물 베기라고 금방 싸우고도 돌아서면 언제 그랬냐는 듯 사이좋은 게 부부다. 그래서 부부의 인연은 하늘이 맺어준 것이라고 하는가 보다.

생각해보면 부부란 운명적으로 만난 사람들이다. 대부분 가통家統과 환경이 다르고, 성장 배경이 전혀 다른 사람끼리 만나서 하나로 된 환경과 습관을 만들고 길들여야 하며, 삶에 대한 공통의 목표와 가치를 창출하여야 한다. 그러려면 어려움이 이만저만이 아니다. 때로는 부딪쳐 충돌하기도 하고 엇박자로 갈등하기도 한다. 같은 사안을 놓고도 오해가 생겨 얼굴을 붉히고 언성을 높일 때도 있다. 온전히 믿고 흉허물 없는 사이라고 생각한 나머지 상대를 멋쩍게 하고 힘들게 할 때도 더러 있다. 부부란 평생을 두고 서로서로를 이해하고 닮으려고 노력하고 힘쓰며 살지만 온전한 공통분모를 만들지는 못하는 것 같다.

어떤 땐 깜짝 놀랄 때가 있다. 똑같은 생각을 동시에 하는가 하면 제각기 속으로 흥얼거리는 콧노래가 동시에 똑같은 노래 똑같은 소절일 때가 있다. 또, 아내가 몸이 아프면 나도 아프고, 내가 아프면 아내도 따라 아플 때가 있다. 흔히 말하기를 부부는 서로 닮는다고 하는데 그런지도 모른다. 성정性情이 닮아가고 감정이 일치되는 것은 물론이고 몸의 생체 리듬도 닮아지는가 보다.

우리는 세상 살면서 참으로 많은 만남을 경험하며 산다. 수많은 만남 중에서 부부간의 만남같이 아름답고 행복하고 귀한 만남은 없을 것이다. 평생을 함께 동고동락해야 할 만남같이 소중한 만남이 또 어디 있겠는가? 만남이 인생의 행복과 불행을 결정한다. 인생에서 큰 축복은 아름다운 만남이다. 어떻게 보면 부부란 가장 아름답고 행복한 관계로 만났다가 가장 불행한 관계로 헤어지는 것인지도 모른다.

며칠간 예정하고 떨어져 지내는데도 요즈음 아내가 없으니까 아쉽고 외로운 게 사실이다. 외로움이란 젊은 시절엔 애틋하고 그리운 고독이 되지만 중년 이후는 나약하고 기대고 싶은 고독이 된다. 혼자 있으면 외롭고 쓸쓸하다. 그래서 상대의 존재를 인정하고 찾는가 보다. 아내란 청년 시절에는 연인이고 중년엔 친구이며 노년에는 간호사라는 말이 있다. 지금 나한테는 친구 같고 간호사 같은 아내가 필요하다.

젊은 날 분홍빛 꿈으로만 가득했어야 할 그 시절에 아내와 나는 사랑이 뭔지도 모르고 사랑 타령 한번 제대로 못 하고 숨 가쁘게 살아왔다. 묻고 따지고 생각할 겨를 없이 열심히 바쁘게만 살아왔다. 지금 와서 생각해보니 그래도 우리는 많이 사랑했었나 보다. 사랑 없이는 도저히 그 많은 굽잇길을 넘어올 수가 없었기 때문이다. 젊은 시절 아내와 나의 삶 속에 녹아나던 그 사랑이 그립다. 그때 아내가 준, 이름 지어지지 않고 몫 지워지지 않은 그런 사랑을 지금도 받고 싶다. 나도 아내를 더 사랑해야겠다. 비치지 않고 드러나지 않는 사랑을 해야겠다. 당장은 아내가 눈치채지 못한다 해도 언젠가는 그녀가 가슴으로 '그이가 그때 그랬었구나!' 하고 느낄 수 있는 사랑을 해야겠다. 가슴 속에 남아있는 사랑을 몽땅 다 퍼주고 새 사랑이 싹트고 자라도록 사랑의 씨를 조금씩 뿌려 놓아야겠다. 옛 추억을 그리워하는 것이 나도 나이가 들어가는 징조인가 보다. 마음보다 앞서 찾아오는 것 같은 무심한 세월의 멍에를 지고 사랑인지도 몰랐던 지난날들이 아쉬움으로 남는다.

빅토르 위고(Victor-Marie Hugo)는 "인생에서 최상의 행복은 사랑받고 있다는 확신에 있다."고 했다. 내가 누군가로부터 사랑받고 있다는 것은 분명 행복한 일이다. 남편은 아내에게서 아내는 남편에게서 사랑받고 있다는 확신이 있는 부부는 인생 최대의 행복을 누리며 사는 부부다. 사랑받는 것이 행복이듯 사랑하는 것 역시 행복이다. 사랑은 저절로 이루어지지 않는다. 인내와 연습과 투자가 있어야 한다. 사랑을 먹고 자라야 사랑을 할 줄 안다. 사랑하는 마음이 있어야 사랑스런 말이 나온다. 진정한, 따뜻한 말 한마디가 잊지 못할 사랑으로 기억된다. 사랑을 크고 거창하게 생각할 일이 아니다. 생활 속에 몸에 밴 사랑이 있어야 한다. 작은 사랑의 실천이 중요하다.

미국의 제32대 대통령이었던 루스벨트(Roosevelt, Franklin Delano)는 39세에 소아마비에 걸려 휠체어를 타고 다녀야 했다. 실의에 빠진 그는 자기의 신세를 비관하며 방에서만 지냈다. 그의 부인 엘레나 여사는 비가 그치고 맑게 갠 어느 날 남편의 휠체어를 밀며 정원으로 산책을 나갔다.

"비가 온 뒤에는 반드시 이렇게 맑은 날이 옵니다. 당신도 마찬가지예요. 뜻하지 않은 병으로 다리는 불편해졌지만 그렇다고 당신 자신이 달라진 것은 아무것도 없어요. 여보! 우리 조금만 더 힘을 냅시다."

아내의 말에 루스벨트가 대답했다.

"하지만 나는 영원한 불구자요. 그래도 나를 사랑하겠소?"

"아니 무슨 그런 섭섭한 말을 해요. 그럼 내가 지금까지 당신의 두 다리만을 사랑했나요?"

루스벨트는 아내의 이 말 한마디에 용기를 얻어 절망에서 벗어나 장애인의 몸으로 경제공황을 뉴딜 정책으로 극복했고, 세계 제2차 대전을 승리로 이끈 미국의 대통령이 된 것이다.

부부! 참 쉽고도 어려운 관계다. 행복한 관계이면서 불행한 관계다. 허물없는 것 같지만 허물 많은 관계다. 그렇지만 붙일 수만 있다면 몸뚱이를 하나로 붙여도 괜찮은 게 부부 아닌가.

언젠가는 헤어져야 할 운명인 것을 미리부터 정을 떼며 살아서는 안 된다. 사는 날까지 후회 없는 사랑을 주고받아야 한다. 부富도 명예名譽도 인생의 행복일 수는 없다. 젊은 시절엔 사랑하기 위해 살고 나이가 들면 살기 위해 사랑한다고 한다. 어떻게 보면 중년 이후의 사랑이 젊을 때 사랑보다 더 소중하고 가치 있는지도 모른다. 중년 이후의 부부 사랑은 줄임표나 쉼표가 아니고 이음표이고 느낌표 사랑이다. 잘 숙성된 포도주 맛이고 감칠맛 나는 음식 같은 사랑이다. 눈으로 가슴으로 통하고 느낌으로 보듬는 원숙한 사랑이다.

로맨스 그레이는 아름답다. 무게가 있고 깊이가 있어 더욱 그렇다. 삶의 흔적들이 담겨 있어서 그렇고 애환이 서려 있어서 그렇다. 땀 냄새나는 끈끈한 잔정이 녹아 있어 더욱 그렇다. 잘 길들고 익숙해진 사랑이 쑥스러움과 어색함으로 매도되어서는 안 된다. 서로 상대를 껴안고 다독이는 사랑을 하자. 사랑은 허다한 허물을 덮을 테니까.

(2009. 5. 21.)

'그 사람'을 갖고 싶다

나는 지난해부터 해마다 두 차례씩 검진을 받는다. 2005년도엔가 종합검진을 받은 뒤로부터 정기적인 점검이 필요하다는 의사의 소견에 따라 증세의 추이를 점검하기 위해서다. 오늘이 예약된 진료일이라서 서울 아산병원에 가려고 고속버스를 탔다. 집에서 나올 때 <동아일보>를 가지고 왔다. 버스에 오르자마자 신문을 펼쳐 들고 1면부터 차근차근 기사를 읽었다. 한 30여 분쯤 흘렀을까 오피니언(A27면) '오늘과 내일'란의 기사를 읽게 되었다. 내용은 탤런트 김수미 씨가 최근 출판한 책 ≪애들아, 힘들면 연락해≫(샘터)에 관한 것이었다. 그는 올해로 환갑이고 연기생활 40년째인데 그동안 여덟 권이나 책을 냈다고 한다. 그런 김씨가 몇 해 전 우울증 등으로 혹독한 시련을 겪으면서 금전 문제로 많은 고통을 당하고 있을 때, 수십 년 사업을 한 남편은 어디서 1억 원도 구해오지 못했고, 돈 많은 친척도 모른 체했다고 한다. 하는 수 없이 김씨는 지인들에게서 몇백만 원씩 빌려 임시변통을 하고 있는데, 어느 날 그의 선배 탤런트인 김혜자 씨가 그를 꾸짖으며 말했다고 한다.

"너 왜 나한테는 말 안 하니? 추접스럽게 몇백만 원씩 꾸지 말고, 필요한 액수가 얼마나 되니?"라고. 그러면서 김혜자 씨는 화장품 케이스에서 통장을 꺼내 보이며 "이게 내 전 재산이야. 나는 돈 쓸 일 없어. 다음 달에 아프리카에 가려고 했는데 아프리카가 여기 있네. 다 찾아서 해결해. 그리고 갚지 마. 혹시 돈이 넘쳐나면 그때 주든가."라고 했다. 그래서 김수미 씨는 염치가 없었지만, 통장 잔액를 하나도 남기지 않고 탈탈 털어 모든 은행의 금전 문제를 해결했다고 한다. 김수미 씨는 "언니와 나의 입장이 바뀌었다면 나는 그렇게 못 한다."라고 고백했단다. 그 대신 김수미 씨는 "얼마 전 언니가 아프리카에 가신다고 하기에 언니가 혹시 납치되면 내가 가서 포로 교환하자고 하겠다고 말한 적이 있는데 만약 그런 사태가 일어나면 나는 무조건 간다. 꼭 가고야 만다."는 각오를 다지고 있단다. 기사를 읽고 가슴이 뭉클했다. 눈물이 핑 돌았다. 천국이 따로 없고 천사가 따로 없었다. 김혜자 씨는 이미 수천수만數千數萬의 천사를 가슴속에 거느리고 사는 천국 사람인 듯했다. 나는 김혜자 씨를 한 번도 만나 본 적이 없다. 영상매체나 간행물에서 보고 들은 것 말고는 그녀를 알지 못한다. 남편을 수년 전에 먼저 저 세상으로 보내고 외롭고 쓸쓸한 삶이겠지만, 후반기 인생을 어떻게 살아야 하는지를 몸으로 실천하는 사람인 것 같다. 미개의 아프리카에서 헐벗고 굶주리는 어린이들을 돕는 일에 솔선하고 있다는 얘기는 이미 알려졌었지만, 김수미 씨에게 그 같은 미덕을 베푼 지는 미처 몰랐다. 어떻게 자기의 전 재산을 일순간에 다 내놓고 갚지 말라고 할 수 있는가. 그렇게 통 큰(?)일은 아무나 못한다. 인간 본성으로도 어렵다. 초인적인 성품 같은 게 있어야 한다. 읽던 신문을 놓으며 지그시 눈을 감고 몸을 의자에 기댔다. 많은 생각이 뒤섞여 밀려왔다.

나는 어떻게 살고 있는가? 무엇을 위해, 무엇을 하려고 사는가? 내가 가진 것은 무엇이고, 왜 움켜쥐고 있어야 하는가? 김혜자 씨 같은 나는 될 수 없을까? 착잡해졌다. 늙으면 병드는 게 정한 이치인 것을 연명하겠다고 약을 먹는 것이 어떤 때는 민망했었다는 대하소설 ≪토지≫의 작가 고故 박경리 씨가 쓴 어떤 시의 내용이 생각났다.

사람이 사람답게 살아야지, 사람 노릇도 다 못하면서, 살려고 검진 받으러 가는 내가 조금은 부끄럽고 민망해졌다. 지금까지의 내 삶은 김혜자 씨 같은 삶은 아닐지라도 엇비슷하기나 했는가. 흉내라도 제대로 내 보았는가 의문이다.

고故 함석헌 님의 <그 사람을 가졌는가>라는 시詩가 생각난다.

'만 리 길 나서는 길
처자를 내맡기며
맘놓고 갈 만한 사람
그 사람을 그대는 가졌는가.
온 세상 다 나를 버려
마음이 외로울 때에도
'저 마음이야.'하고 믿어지는
그 사람을 그대는 가졌는가.
탔던 배 꺼지는 시간
구명대 서로 사양하며
'너만은 제발 살아다오.' 할
그 사람을 그대는 가졌는가.
불의의 사형장에서
'다 죽여도 너희 세상 빛 위해 저만은 살려 두거라.' 일러 줄 그 사람을 그대는 가졌는가.
잊지 못할 이 세상을 놓고 떠나려 할 때
'저 하나 있으니' 하며
방긋이 웃고 눈을 감을
그 사람을 그대는 가졌는가.
온 세상의 찬성보다도
'아니'하고 가만히 머리 흔들 그 한 얼굴 생각에
알뜰한 유혹을 물리치게 되는
그 사람을 그대는 가졌는가.

김수미 씨가 부러웠다. 김혜자 씨 같은 그런 사람을 가졌다는 것이. 나도 그런 사람을 갖고 싶다. 웬만큼 괜찮게 살아왔다고 자부하는 사람이라도 그런 사람을 갖기란 여간 쉽지가 않을 것 같다. 나는 역시 자격 미달이다. 내가 그런 사람 되기를 다짐하지 않고, 내게도 그런 사람이 있었으면 좋겠다는 생각을 먼저 한 것을 보아도 그렇다.

여러 사람이 아니라도 좋다. 어느 누군가에게 절실히 필요한 사람, 그런 사람이 될 때 비로소 우리가 이 땅에 존재해야 하는 이유이며 동시에 보람일 것이다. 존재 이유가 인간의 가치로 나타날 때 그 사람의 인품을 가늠할 수 있고 아름다운 사람 냄새가 날 것이다.

김수미 씨에게 김혜자 씨는 고故 함석헌님의 시詩 속에 나오는 '그 사람'이다. 세상이 어렵고 힘들다고 하지만 김혜자 씨 같은 '그 사람'이 우리 곁에 있다는 사실만으로도 더러는 아기자기하고 살맛 나는 세상이지 않겠는가. 우리 모두 '그 사람'이 되고, '그 사람'을 가졌으면 좋겠다.

(2009. 7. 29.)

소리가 눈이다

많은 사람이 나이가 들어서도 재미있게 건강을 관리할 수 있는 운동이 골프라고들 한다. 그러나 아직도 돈이 많이 드는 운동이고 민감한 운동이라서 쉽게 접근하기 어렵다고 봐야 한다. 그래서 요즘도 가끔 정치인들이나 고위 공직자들이 골프 때문에 말썽을 빚고 사회적 비난을 받는 게 사실이다.

나는 공직 생활을 마친 뒤 골프를 시작했다. 골프처럼 까다롭고 말 많은 운동도 없는 듯하다. 어떤 사람은 귀가 얇으면 골프를 못한다고 한다. 1년 남짓 연습하고 있지만 역시 어려운 운동이고 하는 방법도 참으로 다양한 것 같다. 마음으로는 금방 잘할 것 같지만 만만치 않고 할수록 어려움을 느낀다.

나는 아직 사지四肢가 멀쩡하다. 정신적으로도 별문제가 없다. 두 눈 부릅뜨고 공을 보며 공을 치는데도 못 맞추기가 일쑤다. 그런데 시각장애인 골프에 관한 얘기를 듣고 어찌나 부끄럽고 멋쩍었는지 모른다. 시각에 장애가 있는 사람이 어떻게 골프를 할 수 있단 말인가? 의 아스럽고 경탄할 일이다. 나중에 안 일이지만 '한국 시각장애인 골프협회(KBGA)'도 2007년도에 설립되어 회원 40명과 자원봉사자 20명이 활동하고 있고, 미국을 비롯하여 10여 개 국가의 시각장애인 수천 명이 골프를 치고 있다고 한다. 특히 미국에서는 시각장애인이 홀인원(티샷을 한 공이 단번에 그대로 홀에 들어가는 것)도 종종 한다고 한다. 일반 골프에서는 4명이 한 조를 이루지만 시각장애인 골프는 골퍼와 후원자 2명이 한 조를 이룬다고 한다.

며칠 전 인터넷에서 한국 시각장애인 최고의 여자 골퍼인 박영해라는 선수에 관한 글을 읽을 수 있었다. 그녀는 제1 · 2회 베어크리크배 시각장애인 골프대회에서 여자 부문 1위에 연속 입상한 선수다. 그녀가 처음 골프를 시작할 때는 5명이었으나 호된 훈련과정 1개월이 지났을 때는 혼자만 남았었다고 한다. 운동도 궁합이 있는 것인지 그녀는 점차 골프의 재미에 빠져들었고 삶의 활력도 되찾았다고 한다. 골프는 눈으로 보고 공을 맞히는 게 아니고 정신력과 자세로 친다고 말했다.

다음은 ≪중앙일보≫ 1998년 6월 26일 자 13면에 실린 제3회 전국 시각장애인 탁구대회에 관한 기사 내용이다. 일반 탁구 경기와는 달리 네트는 탁구대에서 5센티미터 올려 설치하고 탁구공은 3개의 납알이 든 시각장애인용 탁구공이고 라켓은 고무가 벗겨진 나무 라켓이며 경기할 때 공이 네트 아래쪽으로 해서 상대편에게 넘어가야 한다고 한다. 눈에 안대를 착용한 선수가 탁구공 튀는 소리만을 듣고 빠른 속도로 넘어오는 공을 쳐서 넘기는 것이다. 날카로운 눈길 대신 쫑긋한 귀로 튀는 공의 소리를 좇아 공을 받아치는 선수들의 감각에 관중들은 시종일관 경탄했다고 한다. 상대편 좌우로 공을 보내는 솜씨도 뜻밖이고 대여섯 차례 공을 주고받다가 결정타를 구사하는 솜씨도 일반 선수 못지않았다고 한다. 참으로 놀라운 일이다.

또 다른 사례를 소개한다. 이 역시 신문에 보도된 사실이다. 1999년 6월 26일 ≪한국일보≫ 17면에 소개된 기사 내용이다. 서울 송파구 성내천 둔치에 마련된 시각장애인 전용 축구장에서 시각장애인들의 첫 시범 축구 경기가 있었다. 시력이 정상적이거나 약시인 골키퍼 1명과 안대를 찬 완전 시각장애인 4명 등 5명으로 구성된 양 팀 선수들이 전·후반 25분씩 뛰는 방식으로 진행되었다. 핸드볼 크기의 공은 선수들이 쉽게 따라갈 수 있게 하려고 소리가 나도록 특수 제작했다. 골키퍼 외에 2명의 안내자가 골문을 두드려 알려주고 공격수와 수비수의 움직임을 "간다!"는 소리를 질러 알려 주었다. 소리와 감각으로 공을 쫓아 발로 걷어차며 비지땀을 흘리는 선수들의 모습을 보며 1,000여 관중은 이따금 눈시울을 붉히기도 했다고 한다.

또 시각장애인이면서도 비행기를 조종한 사람도 있다고 한다. 영국 마일스 힐튼 바버라는 사람으로 2007년 58세의 나이로 런던을 출발하여 56일 만에 호주 시드니까지 2만 2천 킬로미터를 비행했다고 한다. 고도계, 속도계, 나침반, GPS 등 비행에 필요한 장비에 음성장치가 장착된 초경량 항공기를 직접 조종했다고 한다. 그는 또 240킬로미터를 걸어서 사하라 사막을 횡단하였고, 400킬로미터를 썰매로 달려 남극까지의 대장정을 마쳤으며, 중국을 가로지르는 울트라 마라톤 참가, 히말라야 등정 등의 기록을 가지고 있다고 한다. 정상인으로서도 하기 어려운 일을 해낸 것이다. 이르지 못할 경지를 눈물겨운 사투로 이루었다.

어느 사람도 장애로부터 자유로울 수 없다. 남의 일이 아니고 우리 모두의 일이다. 장애인들만의 일로 치부해서는 안 된다. 더는 신체적 · 정신적으로 부족한 사람들로 바라보지 말고 정상인들과 똑같은 사람으로 보고 그들과 함께 일상생활이 가능한 사회를 만들어 나가는 노력이 있어야 한다.

세계 최고의 복지국가인 스웨덴에서는 장애라는 말을 쓰지 않고 고용 곤란 자(hard to employ)라는 개념으로 받아들이고 장애인에 대한 책임이 사회 전체에 있다고 보고 국가나 지방 정부가 궁극적으로 비장애인과 평등한 권리 확보에 책임을 진다고 한다. 장애 때문에 사회로부터 홀대받거나 차별이 있어서는 절대로 안 된다. 인간의 한계는 무한하다. 시각장애인들을 비롯한 모든 장애인이 여러 분야에서 각고의 사투 끝에 일궈낸 쾌거들이야말로 비장애인으로 사는 우리에게 잔잔한 감동이고 삶의 사표師表인 것이다.

시각장애인들은 소리가 눈이다. 소리를 듣는 것이 보는 것이다. 눈 대신 소리를 귀로 보는 것이다. 듣는 용도로만 쓰는 귀를 보는 용도로도 쓰는 것이다. 눈이 아닌 소리로 보려면 얼마나 힘들고 어렵고 고통스러울까? 그들에게 소리와 귀에 망막網膜과 수정체水晶體를 붙여 줄 수는 없을까?

(2009. 7. 21.)

벽돌 쌓는 심정으로

흔히 사람 일은 알 수 없다고 한다. 사람이 태어나는 것조차 사람의 뜻이 아닌 것을 생각하면 사람 일을 예측하긴 어려운 일인 것 같다. 어느 시대 어떤 배경과 환경 속에서 태어나 살다 갔느냐에 따라 그 사람에 대한 평가가 달라지는 것도 어쩔 수 없는 노릇이다.

내가 초등학교에 다닐 때만 해도 초등학교를 졸업하고 학업을 마치는 경우가 많았다. 나도 그 편에 속했다. 그 당시 대부분 부모들은 본인이 못 배운 한恨을 어떻게 해서든 자식에게는 대물림하지 않으려고 안간힘을 다 써 자식 교육에 온 힘을 기울였다. 일종의 한풀이이고 대리만족 같은 것이었다.

우리 아버지 어머니도 다른 부모와 다를 바 없어 나는 초등학교를 졸업하고 가정 형편상 곧바로 중학교에 진학하지 못한 채 일 년간 집안일을 도우면서 지냈다. 같이 초등학교를 졸업한 동네 친구들이 중학교에 다니는 걸 보면 너무 부러웠다. 나도 학교에 가고 싶었다. 계속 공부를 하고 싶었다. 당시 정규 중학교에 진학하지 못한 사람들을 위하여 독학으로 중학 과정을 공부할 수 있는 <통신강의록>이란 것을 우편으로 받아 공부했다. 다행히도 그 이듬해에 정규 중학교에 진학할 수 있게 되었다. 중학교 시절에 나는 장군도 되고 싶었고, 훌륭한 정치가도 되고 싶었으며, 유명한 문인도 되고 싶었다. 그 꿈과 희망을 이루기 위해서 밤늦도록 호롱불과 씨름하며 지냈다. 그렇게도 꿈 많던 중학 시절을 보냈으나 또다시 고등학교 진학을 포기해야만 했다. 이번엔 중학교에 못 가고 지낼 때와는 사뭇 사정이 달랐다. 농사일의 전면에 나서야 했다. 모내기, 벼 베기, 보리 갈이, 지게 등짐 등 농촌 일이라면 닥치는 대로 하면서 전업 농사꾼으로서의 실력(?)을 쌓으며 살아야 했다. 그러면서도 '이대로 농촌에 묻히게 되는 것인가, 상급학교 진학은 요원遼遠한 것인가?' 라는 생각이 머릿속에서 떠나지 않았다. '어떻게든지 돌파구를 찾자. 이대로 주저앉을 수는 없다. 어떻게든지 진학의 꿈을 이루자.'고 다짐하며 일했다.

그러던 1965년 시월 어느 날 밤, 중학교 때 공부하던 책 몇 권을 책보에 싸서 동네에서 마지막 버스를 타고 집을 나왔다. 그날 밤 늦게 낯선 전주에 도착해서 두 달간의 고교 입시 준비에 들어갔다. 지금 생각해도 그때처럼 공부했으면 무엇이든지 못할 게 없었을 것 같다. 이상하게도 밤과 낮을 구별할 수 없을 정도로 잠이 오지 않고 눈은 초롱초롱 빛났으며 정신은 맑았다. 죽지 않으려고 일부러 잠을 청할 정도였다. 조금도 긴장을 풀지 않고 책과 씨름했다. 기거起居하는 곳은 창고를 고친 어설프기 짝이 없는 방이어서 눈보라라도 칠 때면 방 천장 틈을 통하여 방으로 눈이 들어왔다. 기가 막히고 어처구니가 없었다. 그 당시 나는 죽을 줄은 모르고 살길만을 생각할 수밖에 없는 절박한 상황이었다. '이번에 고등학교 입시에서 실패하면 나는 끝장이다. 더는 돌파구가 없다.'라는 비장한 각오로 책에 매달렸다. 마침내 노력한 보람이 있어 목표했던 고등학교에 합격하여 꿈에 그리던 고등학교에 진학하게 되었다. 한창 취업률이 높다는 공업학교를 목표로 했는데 용케도 합격한 것이다.

이렇게 끊일 듯하면서도 가까스로 맥을 이어 고등학교에 다니다가 3학년 초 공무원시험에 합격해서 공직자로서의 길을 걷게 되었다. 또 한국방송통신대학을 졸업함으로써 학사 학위라는 징검다리가 생겨 대학원도 다니게 되었다. 1994년 2월, 전북대학교에서 공학석사 학위를 받을 때 논문 뒤에 <벽돌 한 장을 쌓는 마음으로>라는 제목으로 글을 올린 적이 있다. '……무엇을 하기 위해서가 아니고 이것을 하지 않고는 꼭 뭣을 잃을 것만 같은 갈급한 마음에서 자아를 갈고 다듬는다는 생각으로, 하마터면 이런 것도 모르고 일생을 마칠 뻔했겠구나 하는 마음으로, 허겁지겁 이삭 줍듯 학문을 이어왔지만, 그때마다 벽돌을 한 장 한 장씩 착실하게 쌓으려고 노력하였습니다.……'라고.

이 글에서 밝힌 것처럼 이때 이미 나는 나 자신에게 또 다른 약속을 하고 있었다. 다시 벽돌 한 장을 올려놓기 위하여 수년간 기회를 엿보아 왔지만 쉽지가 않았다. 나이 쉰이 넘어서야 원광대학교에서 어렵게 박사과정을 시작하게 되었다. 그러나 여러 가지 사정이나 여건상 감당할 자신이 없었다. 한 학기를 마치고 포기하겠다는 나를 끌어안고 설득하신 지도교수님이 아니었더라면 나 자신과 한 약속을 지키지 못할 뻔했다. 제1·2외국어 시험의 관문, 엉성한 전문이론과 학식, 숙달되지 못한 반복되는 실험, 백여 편이 넘는 참고문헌의 고찰 등 실로 내게는 버겁기 그지없었다.

2003년 2월 20일 공학박사 학위를 받으면서 논문 뒤에 <또 한 장

의 벽돌을 쌓으면서>라는 제목으로 또다시 글을 실었다. '돌이켜보면 긴 터널을 빠져나온 듯이 감회가 새롭습니다. 이제야 겨우 책 좀 볼 줄 알 것 같은 조심스러운 생각에 양어깨가 무거운 짐으로 저려옵니다. 그동안 허겁지겁 정신없이, 쉼 없이 이삭 줍는 심정으로 정진해온 학문에의 열정이 저를 지금 여기에 서 있게 했습니다. 꼭 뭣을 해야겠다는 목표도 중요하고 결과도 중요하지만 저는 결과를 있게 한 '과정'을 더 사랑하고 소중하게 여깁니다. 어떻게 살아왔느냐 하는 과정이야말로 매우 중요한 것으로 생각합니다. 천천히 그러나 꾸준히 정당한 방법으로 살아간다면 결과에 대하여 크게 연연하지 않을 것입니다.……'라고.

참으로 사람 일은 알 수 없는 것 같다. 나 자신도 내가 여기까지 올 줄은 몰랐으니까 말이다. 다만, 인생의 곁가지 길을 외면하고 가능한 한 정도正道가 아니면 가지 않으려고 딴에 애썼을 뿐이다. 앞으로도, 벽돌은 계속 쌓을 것이며 여기가 끝이 아니라 새로운 시작이라는 자세로 살 것이다.

(2009. 8. 5.)

벗이여!

— 초등학교 동기동창생들에게

속살 드러나 있어도 부끄러운 줄 몰랐고, 천방지축 덤벙대며 하찮은 일에도 싸움질을 했던 시절. 티격태격하다가도 언제 그랬냐는 듯이 금방 코를 맞대고 희희낙락 천진난만했던 철없던 그 시절. 너나없이 어설프기 그지없었고, 뭐 하나 제대로 들춰내 보일 것도 없었지만, 그때 우리는 분명 아담과 이브를 닮은 아름다운 인간 원조元祖(?)이고, 인간 천연자원天然資源(?)이었습니다.

오만 가지 프로그램이 뒤섞인 채 우리 앞에 무섭게 돌진해 오는 거센 세파世波를 만고풍상萬古風霜으로 감당해 온 우리. 암울했고, 힘겨웠고, 서럽고, 슬펐지만 더러는 기쁜 일도 있어서 좋았던 수많은 날들로 점철된 지난날의 세상살이……. 마치 미로 같은 기나긴 터널을 헤쳐 나온 것 같은 회한의 시간이 어느새 불혹不惑을 넘어 회갑回甲이 눈앞입니다 그려.

사랑하는 벗이여!

긴 줄 알았더니 짧은 게 인생이고, 항상 부둥켜안고 짓이기고 비비며 뭉치기 하면서 살 줄 알았는데 우리는 각각 떨어져 따로따로인 채로 지금까지 외롭게 살아야 했습니다.

그동안 우리는 흙냄새 물씬 풍기는 진한 고향 정취도 일상에 묻혀 음미하지 못하고 외롭고 쓸쓸한 타향에서 늘 향수鄕愁에 젖어 각양각색으로 세속에 묻혀 살았습니다. 가끔 밀려오는 벗들의 생각에 남몰래 숨죽이며 뭉클한 가슴을 달래느라 많이도 속상해했습니다. 그럴 때마다 어린 시절 일들이 생각나 입가에 쓴웃음을 짓기도 했고, 눈가에 잔잔한 이슬이 맺히기도 했습니다.

보고 싶은 벗이여!

덧없이 속절없이 흘러간 사십여 년 세월이 이렇게도 우리를 애틋한 그리움으로 떨게 하는 것은 아마도 진한 향수와 끈끈한 정 그것 때문일 것입니다.

벗은 슬픔에서 좋고 임은 사랑에서 좋다고 했습니다. 인생살이 가운데 힘들고 어려운 일이 있을 때 필요한 게 벗이라고 했습니다. 그런데 왜 지금까지 숨어 있었습니까? 모른 체하였습니까? 우리의 인생 역정에 수많은 슬픔과 서러움이 있었을 때마다 말입니다. 수많은 시간을 먹어 세월로 태어난 지난날, 우리는 벗이 곁에 없어 더욱 외로웠고 그리움이 더욱더 사무쳤나 봅니다.

벗이여!

이제 우리는 더는 멀어질 수 없습니다. 서로가 헤어져 살지만, 더는 따로여서는 아니 됩니다. 더 이상 남이고 3인칭일 수는 없습니다. 모두가 하나이고 벗이어야 합니다.

삶이 우리를 속인다고 할지라도 더러는 세상살이 살만하고 아롱다롱 연극같이 재미도 있습니다.

나만의 삶의 영역에서 벗을 내 생활로 들어오게 하여 한덩어리로 어우러져 더는 그리움으로 애태우지 말고, 애틋한 정 때문에 더 이상 속상하지 않아야 합니다. 며칠 후 우리가 이렇게 만나고자 함은 성姓을 동진東津(* 전북 부안군에 있는 동진초등학교를 의미)으로 하고 이름을 가시내 · 머슴애로 하여 그동안 미루고 제쳐놨던 수많은 독백을 숱한 대화와 수다(?)로 해결받기 위함이고, 애틋이 보고 싶었던 갈급한 마음을 속 시원히 치유하고 씻어내기 위함입니다.

어떤 때는 솟구쳐 오는 애틋한 그리움으로 온몸을 떨기도 했고, 또 어떤 때는 가슴속 깊이 저미어 오는 진한 그리움으로 금방이라도 울어 버릴 것 같기도 했던 적이 한두 번이 아니었습니다.

도대체 어디에서 출발했는지 근원조차 알 수 없는 외롭고 쓸쓸한 그리움은 차라리 서러운 슬픔인 듯하였습니다.

아무런 조건도 없이 무조건 무작정 좋았던 벗이여!

지난날, 우리의 삶 속에 아른거리며 다가오곤 했던 사랑스럽고 보고 싶은 얼굴들, 모두가 영원한 그리움의 대상이고 동경의 상징입니다. 또한, 어쩌면 숙명(?) 같은 인연이고 그리움을 일게 하는 샘 같은 상념의 원천입니다.

금쪽같이 아깝고 그리운 벗이여!

이제 우리는 더는 서성이지 말고 그냥 만나야 하고, 만나서 마냥 좋아야 합니다. 그래서 벅찬 감동으로 서로 얼싸안아야 합니다. 그동안 살포시 묻어 두었던 잔정을 주고받으면서 하루해가 짧도록 살찌는 얘기꽃을 피워야 합니다. 세상살이의 재미있는 진국만을 얘기하면서 서로의 존재가 아름답게 각인되는 계기가 되어야 합니다.

평생을 살아도 함께 살지 않으면 안 될 것 같은 삶의 동반자로 곁에 있어야 하는 이유를 확인하는 순간으로 가꾸어야 합니다. 그동안 살면서 쌓였던 사연들을 여과 없이 토해내는 한바탕 토론의 장과 재치마당이 되어야 합니다.

(2004. 5. 15.)

2부

아주 미약하지만

새벽밥
성경을 다 읽고
아주 미약하지만
착시와 착각
한 줄기 눈물의 의미
가수 인순이
16년 만에 완성된 노래
연극 <북어 대가리>를 보고
꿈이 현실로

새벽밥

9월 하순이다. 벌써 밤이 상당히 길어졌다. 올여름은 장마도 없었고 비다운 비도 시원스럽게 내린 적이 없다. 지구의 온난화니 뭐니 해서 근년에는 여름이면 35℃를 훌쩍 넘기는 때가 잦았다. 찌는 듯한 더위에 견디기 어렵고 짜증나는 때도 더러 있었지만 단 하루도 집안에 틀어박혀 더위를 피한 적이 없었다.

오전 7시 30분에 운동 약속이 있어 새벽 4시도 못 돼서 잠자리에서 일어났다. 어젯밤 게으름 피우다가 갈아입을 옷가지 등을 못 챙긴 터라 서둘러 가방을 챙긴 다음 창문을 열고 바깥 날씨를 살폈다. 전국적으로 비가 오고 호남지방은 오늘 새벽부터 내릴 것이라는 일기 예보가 있었기 때문이다. 엷고 검은 구름이 약간 끼긴 했어도 비는 오지 않았다. 세수하고 식탁에 앉았다. 김치, 깍두기, 절인 고추 등의 반찬이 맛깔스러워 보였다. 멸치, 표고버섯, 마른 새우를 함께 넣어 우려낸 국물로 끓인 콩나물국도 밥그릇 옆에 가지런히 놓여 있었다. 평소에는 오전 6시 30분경에 아침 식사를 하지만 오늘은 경우가 좀 다르다.

두어 숟갈 밥을 먹었을 때다. 갑자기 고인이 되신 아버지가 생각났다. 그 순간 목이 탁 메고 먹은 게 치밀어 오르면서 눈물이 핑 돌았다. 먹던 밥을 멈추고 미끄러지듯 서재로 들어갔다. 한참 동안 마음을 다잡느라 힘들었다. 살면서 가끔 아버지 생각이 나면 왈칵 밀려오는 애잔한 그리움에 눈물지을 때가 한두 번이 아니다. 나처럼 눈물이 헤픈 사람도 없을 것이다. 걸핏하면 잘 운다. 아내랑 애들이 마음이 여려서 그런다면서 다독여 줄 때가 잦지만 어떤 땐 곤란한 때가 더러 있어서 난처하다.

아버지는 평생을 석공石工으로 사셨다. 그것도 예술 작품을 만드는 고급 기술자도 아니고 돌을 적당한 크기로 쪼개고 다듬는 잡석공雜石工이었다. 그렇지만 그 정도의 기술도 보통 사람은 못하는 일이다. 동네 사람은 아버지를 '돌쟁이'라고도 불렀다. 특수한 일을 하시다 보니 아버지는 채석산採石山이 있는 곳이면 원근遠近을 불문하고 어디든지 찾아가 일을 하셨다. 돌산 일은 모암母巖에 천공穿孔을 한 다음, 다이나마이트로 폭파한 다음 큰 덩어리는 다시 발파하여 중간 크기로 작게 만든다. 아버지는 중간 크기의 돌에 일일이 정과 망치로 구멍을 파서 3~40㎝ 정도의 육면체로 소할小割하는 일을 하셨다.

내가 초·중학교에 다닐 때, 어딘지 잘 기억되지는 않지만, 교통도 불편한 아주 먼 곳에서 일하시는 아버지를 찾아간 적이 몇 번 있었다. 그때마다 내가 만난 아버지는 너무나 초라하고 불쌍해 보였다. 국방색 당꼬바지(무릎 아래 장딴지 부분을 줄여서 만든 바지)에 싸구려 남방셔츠를 입으셨는데 그나마도 여기저기 해진 구멍을 듬성듬성 바늘로 꿰맸으며, 양말은 구멍이 나서 맞잡아 꿰매거나 덧댄 것이었다. 서툰 바느질도 물론 아버지 몫이었다. 그때 그런 모습의 아버지를 볼 때마다 어찌나 가슴이 아팠는지 모른다.

보고 싶은 아버지를 뒤로한 채 돌아오는 완행버스 안에서 참 많이도 울었다. 그때마다 입술을 깨물며 결심하곤 했다. 마음이 조급해졌다. 일 따라 객지에 계실 때는 석산 인근 마을에서 숙식하셨지만 부안, 군산, 전주 등지에 사셨을 때는 집 근처 석산에서 일하셨다. 대개 석산 일은 아침 6시경부터 시작한다. 아버지는 일을 나가시기 위하여 새벽에 아침 식사를 하시는 때가 잦았다. 석산까지 걸어가야 하는 시간을 고려해서 작업 시작 전에 도착해야 하기 때문이다. 어머니는 그런 아버지를 위하여 무더운 여름철에도 따뜻한 밥을 지으셨다. 아버지를 향한 어머니가 할 수 있는 최선의 배려였으리라. 어머니는 확돌(돌확의 방언)에 갈긴 했지만 까칠한 보리쌀을 솥바닥에 깐 다음, 금쪽같이 귀한 쌀 한 움큼을 보리쌀 한가운데에 조심스럽게 놓고 솥뚜껑을 닫고 모기와의 전쟁을 벌이면서 밥을 지으셨다. 보리밥은 쌀밥 같지 않아 찰기가 적어 쉽게 앙당그레진다. 반찬이라야 고춧가루를 제대로 넣지 못해 희끄무레한 김치와 밑반찬 두어 가지가 고작이다. 나는 아버지가 새벽밥을 드시는 것을 못 본 날이 더 많다. 아직 잠에서 깨지 않았기 때문이다. 내가 일어났을 때는 언제나 아버지는 새벽밥을 드시고 일하러 나가신 뒤였다.

우리 식구들은 내가 철들어 상당히 자랐을 무렵에도 단칸방에서 큼직한 검은색 광목 이불 하나로 발을 덮고 빙 둘러 잠을 잤다. 어느 날, 동생들이 아직 잠을 자고 있을 때 방 윗목 소반에서 나는 숟가락 젓가락 소리를 들을 수 있었다. 어쩌다 잠이 깬 것이다. 몸뚱이는 아직 동생들과 같이 이불 속에 있는 채로였다. 새벽밥을 드시는 아버지를 보았다. 밥상 맞은편에 앉아 계시는 짠한 표정의 어머니 얼굴도 보았다.

나는 두 분이 내가 잠에서 깬 것을 눈치챌까 봐 눈을 감고 꼼짝도 하지 않았다. 숨소리도 잠자는 것처럼 죽였다. '꼭두새벽에 얼마나 밥맛이 없을까? 반찬도 없는데…….'라는 생각이 들었다. 오늘 새벽 내가 먹은 새벽밥과는 비교도 안 되는 초라한 밥상이었다. 어린 나이였지만 뭔가 주먹 같은 것이 속으로부터 치밀어오르는 느낌이 들었다. 가슴이 지독하게 아프고 쓰리고 저렸다. 속으로 흐느꼈다. 눈물이 양 귓구멍으로 흘러들어 갔다. 잠꼬대하는 척하며 이불 속으로 얼굴을 묻어버렸다. 목이 메어 하마터면 소리 내 울 뻔했다. 그날 이후 나는 마음속에 꼬집을 수 없는 비장함 같은 게 늘 머물고 있었다. 아니 마음속에 담고 살았다. 칼날 위를 걷는 심정으로, 살얼음판을 걷는 신중함으로 세상을 섣불리 보지 않고 맞서며 살았다. 잠시라도 방심하면 죽는다는 생각으로 긴장의 끈을 놓지 않으려고 힘쓰며 살았다.

아버지는 63세를 일기로 비교적 젊은 연세에 세상을 떠나셨다. 그날도 돌산에서 일하시다가 돌에 몸을 내어주셨다. 너무나도 허망했다. 마지막 말 한마디도 못 들은 채 아버지를 하늘나라로 보내야 했다.

언제나 날씨만 맑으면 어김없이 돌산 일터에 계셔야 했다. 한평생을 새벽 공기를 가르며 사셨다. 매일 여명黎明과 동시에 돌과의 씨름이 시작되었다. 외아들로 태어나 조실부모早失父母해서 이 땅에 살붙이 하나 없이 외롭고 쓸쓸한 삶을 사셨다. 가난이 차라리 천복天福인 듯 숙명처럼 여기며 그 굴레에 짓눌린 채 사셨다. 일곱 자식의 호구지책과 뒷바라지로 하루도 마음 편할 날이 없었다. 식솔食率들을 생각하면 당신 몸 하나로는 도저히 엄두가 나지 않았을 것이다. 돌이 가볍기나 한 것인가. 환갑이 넘은 나이에 기력은 얼마나 달렸으며, 일은 또 얼마나 지겨웠을까? 추운 겨울이면 돌처럼 차디찬 것이 또 어디 있고,

뙤약볕 여름날이면 돌처럼 뜨겁게 달궈진 것이 또 어디 있으랴. 평생을 그런 돌과 얼굴을 맞대며 사셨다. 돌의 한기寒氣 열기熱氣가 스킨로션이고 선크림이었다. 그렇게 한평생을 사시다가 1986년 11월 25일 마침내 돌 속으로 가셨다. 하나님은 생의 마지막 순간까지 아버지를 그 지긋지긋한 돌과의 인연에서 끝내 놓아 주지 않았다.

(2009. 9. 21.)

성경을 다 읽고

작심삼일이라고 했던가. 해마다 해가 저물어 연말쯤이나 새해 벽두에는 악습을 고쳐 보겠다느니 새로운 일을 시작해 보겠다는 결심을 하고 자기 자신에게 다짐하는 때가 잦다. 그러나 십 중 팔구는 며칠 또는 얼마 가지 않아 포기하여 용두사미가 된다. 사람마다 경우가 다르겠지만, 대개는 그 실천 목표를 의욕만 앞세워서 무리하게 설정한 것이 실패의 원인이다. 또 하나의 이유를 찾는다면 의지와 끈기가 부족해서다.

나도 뭔가 해보겠다고 결의를 다지고 작심했던 일이 참 많았다. 그러나 역시 실천한 것은 손으로 꼽을 정도다. 복잡하고 바쁜 생활을 핑계로 미룬 '하고 싶은 일' 몇 가지가 있다. 그 중 한 가지가 성경 통독이다. 나는 열네 살 때 처음으로 기독교와 만났다. 그 당시 우리 동네는 물론이고 이웃 동네에도 교회가 없었다. 따라서 마을 사람들은 교회에 가고 싶어도 갈 수가 없었다. 그러던 어느 날, 우리 동네에 목사님 가족이 이사를 왔다. 그분은 동네 회당으로 이사를 왔는데 그 집 안방이 교회였다. 당시로써는 신자가 많지 않아 크게 문제가 되지 않았다. 찬송을 부르고 설교 말씀을 듣는 게 그렇게 좋았다. 흥이 절로 나서 시간 가는 줄도 모르고 찬송하고 기도하고 성경 읽기에 빠졌다. 지금 생각해도 그 당시가 참으로 순수하고 좋았다.

천국에 들어가려면 어린아이와 같이 거듭나지 않고는 안 된다는 성경 말씀이 실감난다. 정말 열심이었다. 한동안 미쳤었다. 초등학교를 졸업하고 중학교에 진학하지 못하고 1년 동안 집에서 지낼 때라 물정 모르고 신앙생활에 쏙 빠져들었다. 그렇게 해서 시작한 신앙생활이었다. 그동안 끊일 것 같은 적도 있었지만, 용케도 잘 이어왔다. 그런데 신자로서 기본인 성경 통독을 한 번도 제대로 못 했다. 어설프게나마 일별하듯 읽은 것은 군대생활 때였다. 바쁜 병영생활이었지만 선임병이 되면서 시간을 할애해 성경을 읽었으나 뜻대로 되지 않았고 집중하지 못했다. 그래서 늘 마음 한구석에는 못 이룬 목표 성경 통독이 잠재하고 있었다.

공무원 생활을 마치고 나니까 하고 싶은 일들이 순서 없이 밀려왔다. 맨 먼저 그동안 틈틈이 써왔던 글을 모아 책으로 펴내는 일에 매달렸다. 몇 달간의 준비 끝에 처녀 수필집 ≪생각이 머무를 때면≫을 출간했다. 다음으로 시작한 것이 성경 통독이다. 전에 몇 번 실패한 적이 있어서 시작하는 게 솔직히 걱정도 되었다. 그러나 나 자신의 의지와 자존심이 달린 문제였기 때문에 더는 미룰 일이 아니었다. 어느덧 공직에서 물러난 지 6개월이 되었다. 나는 우선 나 자신을 다잡으며 마음속으로 비장한 결심을 했다.

첫째, 일단은 매일 성경 말씀 앞에 직면하는 것을 최우선으로 하고 꾸준하게 읽자. 오랫동안 성경 읽는 것이 길들어 있지 않은 것이 가장 큰 문제가 될 것 같아서였다.

둘째, 믿음을 가지고 읽자. 일반 서적이나 과학 서적처럼 검증된 것만 신뢰하려고 한다면 신자의 태도가 아니라고 생각했다. 종교적 사건을 과학적으로 접근한다면 애초부터 차원이 다르게 된다. 어떻게 눈먼 자가 실로암 연못에서 눈에다가 진흙을 바르고 씻어서 눈을 뜰 수 있겠는가. 또 죽은 지 사흘이나 된 사람이 다시 살아날 수 있겠는가.

셋째, 성경이 하나님의 말씀임을 믿고 말씀을 인격으로 대하자. 성경을 읽는다는 것을 하나님과의 대화로 생각하고 싶었다. 성경을 하나님의 살아 있는 음성, 능력 있는 목소리로 생각하고 읽으면서 듣고 싶었다. 성경 말씀을 통해서 나의 삶이 변화되고 사고思考가 혁신적으로 달라지기를 바랐다.

넷째, 나를 향한 말씀으로 생각하자. 성경 속에 나오는 사건들 속으로 내가 들어가 그 현장의 중심에 서서 당시의 상황을 이해해 보고 그때마다 하나님의 임재臨在 속에 침잠沈潛해 보고 싶었다.

다섯째, 말씀에 순종하는 자세로 읽자. 나는 평소에 순종은 이유를 묻지 않고 따르는 것이라고 강조한다. 또 믿음은 추호도 의심이 없는 마음에서 나온다고 생각한다. 전폭적으로 믿고 의지하는 자의 말씀에 불순종한다는 것은 온전히 믿지 않는 것이다. 그러므로 믿는 자의 말씀에 순종한다는 것은 너무나도 당연하다.

성경의 분량을 살펴보니 구약전서가 39권에 931장이고, 신약전서가 27권에 260장으로 합해서 총 66권 1,191장이었다. 2009년 한 해 동안에 다 읽을 요량으로 단순 계산하면 하루에 4장 정도를 읽으면 열 달이 걸릴 것 같았다. 혹시 어떤 경우가 생길지 몰라 두 달 정도는 여유를 둔 계산이었다. 성경을 다른 일반 서적처럼 생각하는 것은 잘못이지만 우선 양적인 면에서는 그랬다.

2008년 12월 27일, 마침내 그 실행의 첫 단추를 끼웠다. 그동안 준비한 대로 실행에 옮겨야 한다는 일념으로 시작했다. 예상했던 어려움들이 찾아왔다. 애초 정한 새벽이나 아침 시간을 놓치면 그날 하루는 못 읽는 경우가 생겼다. 예기치 않은 일신상의 사정, 친 · 인척들의 애 · 경사, 각종 모임, 며칠간 출타해야 할 일들이 생겨났다. 이런 일들은 나의 의지를 약화시키고 목표 달성을 어렵게 했다. 말씀 앞에 직면하려고 하는 나를 방해하기 시작했다. 마음이 심란해져 말씀에 집중하지 못하고 말씀의 맥이 끊기는 경우가 있었다. 위기의식도 있었지만 무식할 정도로 성경 읽기를 계속했다. 자칫 잘못하면 나 자신이 무너질까 봐 가족은 물론 주변 사람들에게 이 사실을 공표했다. 나 자신을 내 결심의 굴레 속에 묶어 넣기 위해서였다.

애초 계획을 일부 수정할 수밖에 없었다. 하루 이틀 못 읽는 분량을 모아서 주말이나 주일에 한꺼번에 읽었다. 그리고 일과를 되도록 단순하게 하려고 노력했다. 인터넷, 텔레비전과 같은 것과의 접촉을 삼가고 중요하지 않은 모임과 행사 등의 참석을 최대한 자제하여 시간적 여유를 가지려고 힘썼다. 감사한 것은 하나님이 나의 중심을 보셨던지 몇 달 전부터 내 생활에 변화가 생겼다.

평소 아침 여섯 시경에 잠자리에서 일어났는데 얼마 전부터는 새벽 3~4시경이면 잠이 깨졌다. 어른들 말씀에 나이 들면 새벽잠이 없어진다는데 그래서인지도 모를 일이다. 그보다도 하나님의 역사가 임재臨在한 것으로 믿고 싶다. 성경 읽기에 가장 좋은 시간은 새벽이다. 그 덕분에 기도는 물론이고 성경 읽기의 진도는 염려하지 않아도 되었다. 말씀도 쏙쏙 잘 들어오고 재미도 있었다. 2009년 9월 16일 새벽. 드디어 신약성경 요한계시록 22장 21절을 끝으로 성경 통독의 대장정(?)은 막을 내렸다. 엄청나게 크고 어려운 일을 해낸 것 같은 성취감에 취했다. 하나님께 감사했다. 9개월 동안 자신과의 싸움에서 이길 수 있었다. 성경 한 번 통독하는 데 60년이 넘게 걸린 셈이다.

성경 읽기, 대단한 것처럼 보이지 않을지 모른다. 하지만 해보면 안다. 자신의 의지도 중요하지만, 하나님의 은혜가 아니고서는 행할 수 없는 일이라는 것을. 이번 성경 통독을 통하여 또 한 번 중요한 사실을 확인하는 계기가 되었다. 어제도 오늘도 그리고 앞으로도 영원히 하나님의 은혜와 사랑이 항상 나와 함께하신다는 것을. 결국, 이번 성경 읽기는 나 혼자 한 것이 아니고 하나님과 같이 한 셈이다.

(2009. 9. 20.)

아주 미약하지만

세상을 살면서 하는 일이 잘 안 되고 힘들 때마다 쉽게 포기하거나 좌절하는 경우가 종종 있다. 특히 요즘처럼 경제 사정이 어렵고 사회가 안정되지 못하여 뒤숭숭하면 사람들 모두가 사기도 떨어지고 마음도 심란해져 매사에 의욕을 잃기 쉽다. 그냥 거의 무의식적으로 되풀이되는 삶을 살다 보면 내가 어디로 가고 있는지조차 모르고 하루하루가 지난다. 무료해지고 무의미하여 생활의 탄력을 잃을 때가 있다. 내가 하는 일은 다 안 되고 너무나 미미해서 성공하기 어렵고 실패할 것만 같은 패배주의에 빠지기 십상이다.

그러다가도 어떤 때는 조용히 앉아서 스스로 몸과 마음을 들여다볼 때가 있다. 뭔가 하겠다는 생각과 이루지 못한 것들에 대한 마음속의 짐 같은 것들을 비롯해 온갖 잡다한 상념들을 쓰레기 버리듯 비워본다. 머리가 맑아지면서 몸도 편안해지고 마음이 안정된다. '비우고 버리는 것'의 힘이리라. 비우고 버리니까 편안해지는 것을 움켜쥐고 있으면서 끙끙대며 고민한다. 크고 많은 것이 행복을 가져다주는 것이 아님을 깨닫는다. 순간순간 이 같은 진리를 경험하다가도 숨가쁘게 돌아가는 일상 속에서는 다 잊고 다른 모습으로 살아갈 때가 더 많다. 뭔가가 꼭 있어야만 행복하고 크고 많은 것을 가져야만 만족해 하는 찌든 세속의 속물이 된다. 원래 인간은 빈 채로 왔으면서도 가지려 하고 채우려고 한다. 논리적으로도 맞지 않다. 공空이 근원이고 소小가 많은多 것의 시작임을 모르고 이상理想의 키를 낮출 줄 모른다. 물은 수소와 산소가 결합해서 만들어졌다는 것을 알아야 한다.

인간에게 만족의 끝은 없다. 아홉이 있으면 하나를 더 보태 열을 채우려 하고, 가지고 있는 그릇이 다 차면 또 다른 그릇에 더 채우려는 게 인간의 속성이다. 티끌도 모으면 태산이 되듯이 아주 작고 미약한 것이 원동력이 되어 크고 강한 것이 되는 게 세상 이치이고 순리다. 일조일석에 목표가 달성되고 성과를 거둘 수는 없다. 로마가 하루아침에 이루어지지 않았듯이 시작부터 완성은 없다.

조개는 자기의 몸속에 모래알이 박히는 고통을 참고 견뎌내어 마침내 아름다운 진주를 만들어낸다. 모든 일이 처음부터 쉽고 재미있고 만족스러울 수는 없다. 첫 숟가락에 배부를 수는 없다. 천 리 길도 한 걸음부터라는 속담도 있지 않던가. 문제는 어떠한 마음과 다짐을 가지고 사안을 대하느냐에 달려 있다. 잘 알려진 얘기지만 다시 한 번 곱씹어 보자.

신발 시장市場을 개척하라는 사명을 띠고 두 사람이 아프리카 오지에 도착했다. A는 도착한 날 곧바로 본사로 메일을 보냈다. '다음 비행기로 돌아가겠습니다. 현지인은 모두 맨발로 생활합니다. 여기서는 신발이 팔릴 가능성이 전혀 없습니다.'라고. B도 역시 도착 즉시 메일을 보냈다. '지금 당장 신발 5만 켤레를 보내 주십시오. 현지인은 모두 맨

발로 다닙니다. 이곳에는 신발을 엄청나게 많이 팔 수 있는 가능성이 있습니다.'라고. 똑같은 사안을 놓고 정반대의 시각으로 문제에 접근함으로써 성 · 패가 갈리는 경우다.

언젠가 들은 설교 말씀이 생각난다. 한 정글 지역에 있는 기독교 학교에 코가 없어 몰골이 흉한 소녀가 찾아와 입교를 간청했다. 그 소녀는 기형이고 저능아였지만 교장은 소녀를 환대하며 받아주었다. 그러나 그 소녀가 학교에서 할 수 있는 것은 유일하게 노래 배우는 것 말고는 아무것도 없었다. 그나마 몇 달이 안 되어 학생들과 학부모 교사들의 반대로 그 소녀는 슬픔을 안고 다시 정글 마을로 돌아갈 수밖에 없었다.

그로부터 2년 뒤 한 선교회에 정글 마을로부터 복음을 전해달라는 간절한 호소가 있어서 선교회는 그 마을에 선교사를 파송했다. 선교사는 그 마을에 도착해서 먼저 찬양을 하나 가르치기로 하고 간단한 합창을 한 곡 소개했다. 그러자 300여 주민은 "우리도 아는데요."라고 말하며 함께 찬양했다. 선교사는 다른 찬양을 한 곡 더 불렀는데 역시 그 찬양도 주민은 알고 있었다. 그때까지 파송된 선교사가 한 사람도 없었던 마을이어서 선교사는 놀란 듯이 그들에게 물었다. "어디서 누구에게 배우셨나요?" 그러자 그들은 그들 가운데에 있는 한 소녀를 가리켰다. 그 소녀는 다름 아닌 2년 전에 학교에서 쫓겨난 바로 코 없는 기형아였다. 그 소녀는 보잘것없고 아주 미약한 자였지만 온 마을 사람들을 복음화하는 큰 사역을 감당한 것이다.

미미하고 하찮다고 해서 과소평가하고 소홀히 여기는 것은 금물이다. 비록 지금의 내 처지와 형편이 보잘것없고 어렵다고 해서 가능성마저 없고 희망이 없는 것은 아니다. 누구에게나 인고忍苦의 삶은 있는 것이고 필요한 것이다. 오르막이 있으면 반드시 내리막이 있고 풍랑 뒤에 고요가 있는 법이다.

미국의 백화점 왕이 된 존 워너메이커(John wanamaker)의 어릴 적 이야기는 유명하다. 필라델피아의 한 벽돌공장에서 일하는 존은 13세의 가난한 소년이었다. 비가 내리는 날이면 존은 진흙투성이가 되곤 하였다. 왜냐면 존의 마을 안길은 비가 조금만 내려도 진흙탕 길이 되기 때문이다. 동네 어른들은 그런 환경을 불평만 할 뿐 대책을 강구하는 사람은 없었다. 어느 날 존은 '이 진흙탕 길이 우리 집 마당이라면 어떻게 할까?'라고 생각하고 고민했다. 그 순간 존은 그 길을 벽돌로 포장해야겠다고 결심했다. 다음날부터 그 길에 벽돌이 한 장씩 놓이기 시작했다. 그는 얼마 안 되는 품삯이지만 날마다 벽돌 한 장씩을 사다가 깔았다. 존의 생각에 이런 식으로 해서 도로에 벽돌을 다 깔기 위해서는 최소한 2년도 더 걸릴 것 같은 생각이 들었다. 그런데 한 달 뒤 기적이 일어났다. 마을 사람 한 명이 우연히 존의 모습을 보게 되었고, 존이 하는 일은 마을 전체에 소문으로 퍼지기 시작했다. 그리고 두 달이 채 안 되어 안길 전체가 벽돌로 포장되었다. 물론 이 마을 사람이 다 같이 이 일에 동참한 결과다.

독실한 기독교 신자로 후에 미국의 체신장관도 지낸 바 있는 13세짜리 소년 존 워너메이커는 이렇게 말했다고 한다. "서른 장의 벽돌이 기적을 만들었다."라고. 넓고 긴 진흙탕 길의 포장도 결국 한 장의 벽돌로부터 시작되었고 그가 한 달 동안 열심히 사다 깐 서른 장의 벽돌이 기초가 되어 도로 전체가 포장길로 변한 것이다. 우리는 삶 속에서 늘 큰 잣대만 가지고 재려고 한다. 작은 잣대, 기준에 맞는 잣대의 눈금 하나하나를 소중히 살피는 세심함이 필요하다. 아주 미약한 자에게서 나오는 폭발적인 영향력과 잠재력을 가볍게 보지 말아야 한다. 작고 적은 것의 힘을 믿어야 한다. 성경 욥기 8장 7절에는 '네 시작은 미약하였으나 네 나중은 심히 창대하리라.'라고 기록되어 있다. 생각을 긍정적이고 건전하게 갖자. 소극적인 자세를 버리고 염세주의에 빠지지 말자. 가슴을 펴고 고개를 들어 빈 하늘을 보자. 그리고 아주 미약하지만 그것의 위대함을 믿자.

(2009. 8. 22.)

착시와 착각

부부가 함께 운동하러 가기로 약속된 날이었다. 예정된 시각이 오전 이른 시간이라서 약속된 장소까지 가려면 한 시간 전에는 집을 나서야 했다. 우리 내외는 여느 때보다 일찍 일어나서 운동갈 준비를 마치고 아침 식사를 하려고 식탁에 마주앉았다. 서너 숟갈이나 밥을 먹었을 때였다. 나는 무심코 어젯밤 시청한 텔레비전의 〈가요무대〉 프로그램 이야기를 꺼냈다.

"어젯밤 가요무대는 참 좋더라."

그랬더니 다짜고짜로 아내는,

"노래 두 곡 들어 놓고 좋다 나쁘다 해?"

하는 것이었다.

"아니야 나는 끝까지 다 봤어."

"뭐? 두 곡 듣고 나랑 같이 자러 들어갔잖아?"

"당신은 두 곡 끝나니까 졸린다면서 방으로 들어갔고 나는 끝까지 다 봤어."

"나 참, 같이 들어가서 자고는 저렇게 우기네."

아내는 얼굴이 금세 상기되면서 화가 난 표정이었다.

"당신이 뭘 착각하고 있어. 나는 끝까지 다 본 거야. 그러면 그 증거로 출연했던 가수들 이름을 적어볼까?"

그러면서 나는 자리에서 일어나 서재로 들어가 종이와 볼펜을 가지고 나와 생각나는 대로 아내가 보는 앞에서 가수 7, 8명 정도의 이름을 내리 적었다. 이쯤 되면 아내가 자기의 주장을 굽힐 줄 알았다. 그러나 아내는 그래도 자기의 주장을 굽히지 않았다. 오히려 더욱 고조된 얼굴로 나를 쏘아보면서 억지로 생떼를 쓴다고 했다.

"어이! 내가 끝까지 보지 않았다면 어떻게 출연한 가수들 이름을 이렇게 단숨에 적겠어? 확인하면 탄로綻露날 것을 가수 이름까지 거짓으로 적겠는가?"

그래도 아내는 막무가내였다. 그뿐 아니라 이상하게 민감한 반응을 보이면서 화를 내고 정색을 했다. 어처구니가 없었다.

"그러면 인터넷으로 확인해보세. 그러면 될 거 아니야."

그러면서 나는 컴퓨터가 있는 서재로 들어가 컴퓨터를 켰다. KBS 사이트에 들어가 보니까 아직 인터넷에 올라와 있지 않았다. 하는 수 없이 우리는 운동 다녀와서 오후에 확인해 보자고 합의를 하고 하마터면 말다툼까지도 할 뻔했던 순간을 일단 모면했다.

운동을 마치고 집에 들어오니까 오후 4시가 조금 넘었다. 아내는 집에 들어오자마자 컴퓨터를 켜서 어젯밤 가요무대를 확인해 보자고 했다. 아마도 아내는 운동하는 내내 그 일이 머릿속에서 떠나지 않았던 것 같았다. 그만큼 자신의 생각에 대한 믿음이 강하고 확실하다고 자신하고 있었다. 뜻밖에 심각하게 생각하고 저돌적으로 나오는 아내의 행동에 나는 당황스럽기까지 했다. 내가 알고 있는 사실이 틀림없는데 이렇게 정색을 하고 나오는 아내라 사실을 확인하면 아내의 입장이 뭐가 될 것인가를 생각하니 속으로 걱정이 앞섰다. 결과는 뻔하니까 그만두자고 했다. 그러나 아내는 워낙 주장이 강했다. 나는 하는 수 없이 컴퓨터를 켜고 인터넷 KBS 사이트에 접속했다. 아침에 내가 생각나는 대로 적었던 가수들의 이름이 다 맞았다. 그때야 아내는 자기의 잘못을 수긍했다. 착각했다는 것이다. 자기 기억으로는 노래를 두 곡 듣고 들어가 잤기 때문에 나도 같이 들어가 잔 것으로만 생각했고 그 생각이 틀림없다고 확신했다는 것이다. 물론 아내의 성정 탓도 있겠지만, 도대체 무엇이 이토록 아내를 정색하게 하고 화를 낼 만큼 잘못된 확신을 하게 했는지가 궁금했다.

우리는 살면서 이와 같은 일을 가끔 경험하게 된다. 자기 자신의 생각으로는 분명하고 틀림없는데 확인해 보면 사실과 다른 경우가 더러 있다. 잘못 보거나 잘못 생각하여 저지르는 오해나 실수가 바로 그것이다. 분명히 사실이 아님에도 사실인 것같이 확신하게 되어 사람을 쑥스럽고 어색하고 멋쩍게 만든다. 왜 그럴까? 사람에게 어떠한 작용이 있기에 이런 일이 벌어지는 것일까? 전문적으로 잘 알지는 못하지만, 감각기관의 작용임에는 분명하다. 이른바 착시와 착각 현상이다.

착시錯視는 시각적 착각(optical illusion)이라고 할 수 있다. 원래의 모습과 다른 모습으로 잘못 보게 되는 이미지다. 착시 현상은 어떤 사물을 바라보는 본능적 기능만 가지고 사는 동물들은 경험하지 않는다고 한다. 사람에게서만 착시 현상이 나타난다고 하는데 그 이유는 사람은 사물을 바라만 보는 게 아니라 동시에 생각하기 때문이라고 한다. 동물들도 자연 속에서 생각 없이 본능대로 살면 착시 현상을 일으키지 않지만, 사람과 더불어 살면서 길든 동물은 착시 현상이 나타난다고 한다. 그렇다면 생각한다는 것은 어쩌면 진실을 진실이지 않게 할 수도 있는 원인이 된다. 사물을 보는 것 외에 선입견이나 느낌, 감정 등이 동시에 작용하여 사실과 다르게 보이게 하는 현상이 착시다.

인간은 시각, 촉각, 미각, 후각, 청각 등 5개의 감각기관으로 지각이 구분되는데 이들 감각기관은 뇌에서 담당한다. 뇌는 12개의 신경조직을 통하여 각 기관으로 정보교환을 한다고 한다. 그런데 이 중 8개의 신경조직이 눈으로 연결되어 있고 감각기관을 지배하는 주요 신경조직의 90% 이상이 눈에 몰려 있다. 그럼에도 눈은 정확하지 못한 게 사실이다. 우리가 어떤 물체를 볼 때 그 물체의 형태나 크기에 대한 정보가 망막을 통하여 시신경을 타고 뇌로 전달되어 물체를 인식하게 된다. 정보를 해석하고 이해하는 과정에서 심리적 요인이 필연적으로 작용한다는 것이다. 따라서 개인의 사고 과정과 심리상태에 따라 여러 가지로 착시 현상이 일어나게 된다고 한다. 한마디로 착시는 감각기관인 눈과 심리적 요인이 결합하여 나타나는 오류이다.

제주도에 가면 두 눈 멀쩡히 뜨고 착시 현상을 경험하게 된다. 도깨비도로라는 데가 있는데 그곳에 가면 우리의 눈이 얼마나 부정확하고 불완전하게 인식하는지를 알 수 있다. 이 도로는 육안으로 볼 때는 분명히 오르막길이다. 모두가 공감한다. 그러나 사실은 내리막길이다. 이를 증명하기 위하여 많은 관광객이 보는 앞에서 도로 위에 물을 부어 보면 물이 거꾸로 흐른다. 아니 그렇게 보인다. 그러나 실제로는 아래로 흐르는 것이다. 고저 측량을 해 보면 7∼10cm 정도 경사가 있는 내리막길이라는 것이다. 왜 이러한 현상이 일어날까? 도로 주변의 나무들이 배경과 어우러져 우리의 눈을 착각하게 하기 때문이다. 이와 같은 현상을 '비교착시'라고 한다. 같은 크기의 물체도 큰 물체 옆에 놓으면 그것을 작은 물체 옆에 놓았을 때보다 더 작게 보이는 경우도 일종의 비교착시다. 또 하나 대표적인 착시 현상의 예가 애니메이션이다. 애니메이션은 정지된 여러 개의 영상을 빠른 속도로 연속해서 보임으로써 마치 움직이는 것처럼 보이게 한다. 사람의 착시 현상을 이용한 예술이라고 할 수 있다. 사람의 눈은 물체의 크기, 모양, 색 등을 식별할 수 있지만 어떤 때는 착각을 일으켜 엉뚱하게 볼 때가 있다. 그래서 때로는 자신의 눈에 보이는 것이 사실과 똑같고 진짜라고 생각하지만 사실은 사물을 그대로 보지 못하는 때도 있다는 것이다.

착각錯覺이란 어떤 사물이나 사실을 실제와 다르게 지각하거나 생각하는 것이라고 사전에 정의되어 있다. 오해의 다음 단계가 착각이라고 한다. 오해는 진실과 다른 사실을 순간적으로 생각했지만, 자신도 그게 진실이 아닐 것이라는 어느 정도의 인식을 하고 있는 상태의 생각이다. 그러나 착각은 오해의 단계를 넘어 진실과 다른 사실을 진실이라고 확신하게 되는 현상이라 할 수 있다. 또한, 오해는 자신의 과실로 인하여 진실과 다른 사실을 진실인 것처럼 잘못 알고 있는 것이지만 착각은 그 사람의 고정관념이나 감정이 어우러져 순간적으로 갖는 생각이 오해보다 강한 확신을 하게 하는 것이라 한다.

아내가 나도 자기와 같이 <가요무대> 프로그램의 노래를 두 곡만 들었다고 확신하는 것도 실제와 지각, 경험 간의 불일치를 보여주는 착각 때문이었다. 아내와 나는 특별한 경우가 아니고는 거의 매일 같이 잠자리에 든다. 그와 같은 일상의 습관이 감각적으로 몸에 배어 있고 경험적으로 몸과 마음이 익숙해 있다. 또 항상 그런다고 심리적으로 지각하고 있던 터였다. 그런데 그날 따라 아내가 먼저 잠자리에 든 것은 감각이나 지각, 경험적으로 이례적인 일이었다. 따라서 아내의 뇌에 잠재적으로 입력된 내용과 실제와는 불일치하였던 것이다.

다른 사람이 볼 때는 절대로 그게 아닌 것을 사실과 다르게 왜곡하고 지각하는 것을 착각이라고 한다. 잘못된 선입견 탓도 있지만, 감정이 이성을 앞서면 쉽게 착각에 빠지게 된다. 심한 경우 운이나 운명 같은 것도 조절할 수 있다는 착각도 하게 된다. 남녀가 사랑할 때 누가 봐도 어울리지 않는 짝임에도 당사자는 선입견과 감정 때문에 서로의 눈에는 이른바 '콩깍지'가 끼어 상대의 흠이 잘 보이지 않는다. 일종의 착각인 것이다.

그러나 인간에게서 착시와 착각 현상이 부정적이지만은 않은 것 같다. 착시 현상은 자신이 간절히 바라는 심리적 욕구가 사물의 형태까지도 변화된 모습으로 보이도록 할 수 있는 기대 심리의 충족일 수도 있다. 착각도 착각 때문에 행복한 일들이 많다. 누가 뭐래도 '제 눈의 안경'이나 '콩깍지' 같은 착각은 정말 필요한 착각이다. 우리는 착시와 착각을 통하여 보이는 것이 모두 사실이 아닐 수도 있는 눈의 실수를 안다. 또한, 감각하고 지각하는 것이 반드시 실제와 일치하지 않는다는 오감의 부정확도 알았다. 사람 사는 곳에는 모든 것이 완벽(그럴 수 있는지 모르지만)한 것보다는 조금 부족하고 빈 것도 필요하다. 그래서 더 늘리고 보태고 채우는 과정이 삶 속에 있어야 한다. 어떤 때는 그것이 진짜와 사실보다 가치 있어 보일 때가 있다. 세상살이가 힘들고 어렵다고 해서 사실 그대로만 볼 게 아니라 아름답고 즐겁고 보람되다는 정반대의 착각 속에 빠지는 것도 멋진 착각이 아닐까 싶다.

(2009. 8. 25.)

한 줄기 눈물의 의미

한줄기 눈물이 흘러내렸다. 2009년 6월 23일 오전 10시 22분 연세대 세브란스병원 15층 내과병동 1인실. 대법원의 연명치료 중단 판결(2009년 5월 21일)에 따라 김옥경(77세) 할머니를 상대로 국내 첫 존엄사尊嚴死가 시행되었다. 김 할머니가 식물인간 상태에 빠진 지 1년 4개월 만이고 지난해 11월 28일 1심 법원이 국내 처음으로 가족의 연명치료 중단 요청을 받아들인 지 7개월 만이다. 인공호흡기를 뗀 후에도 김 할머니는 눈을 뜬 상태였고 입술을 움찔거렸으며 얕은 숨을 한 번 몰아쉬었다고 한다. 김 할머니의 입과 코에 연결된 호흡기와 호스를 떼어낸 후 16분쯤 흘렀을 때였다. 고개를 비스듬히 하고 누워 있던 김 할머니가 오른쪽 눈으로 갑자기 눈물을 흘린 것이다. 전문가들은 '조건 반사적 눈물'이라고 말한다. 김 할머니의 맏사위 심치성 씨의 말에 의하면 인공호흡기를 뗀 후 눈을 깜박거리고 눈물도 흘려 존엄사를 시행한 주치의나 가족이 하는 말을 알아듣는 줄 알고 깜짝 놀랐다고 했다. 의사를 표현할 수 없는 김 할머니가 호흡기를 떼어낸 것에 대하여 감정적으로 반응했을 수도 있다. 김 할머니는 식물인간 상태였지만 평소에도 손자와 자식들이 보고 싶어 오랫동안 잠을 자지 않았다고 했다. 이를 지켜보던 가족의 마음은 어느 때보다도 안타깝고 착잡했을 것이다.

존엄사, 우리에게 아직은 어색하고 생소한 단어다. 의사는 원칙적으로 환자의 동의 없이 치료를 할 수 없다는 것인데 옳은 것인지 그른 것인지 판단이 안 선다. 사전을 찾아봤다. '인간으로서 지녀야 할 최소한의 품위를 지키면서 죽을 수 있게 하는 행위, 또는 견해'며 법률용어라고 나와 있다. 글쎄다. 인간으로서 지녀야 할 최소한의 품위가 뭣인지 모르겠다. 어떠한 고통과 처지에 있다고 하더라도 그 자체를 감수하고 천연스럽게 받아들여 죽음을 맞아야 하는지 아니면 자의든 타의든 죽지 않게 하기 위한 최대한 노력을 해야 하는 건지. 또 자기 자신의 생명이라고 자기가 스스로 죽음을 결정할 권리가 있는 것인지도 모르겠다.

종교적 차원에서는 더더욱 논란거리가 될 것 같다. 호흡기를 뗀 김 할머니의 모습은 오히려 평온해 보였다고 한다. 애초 병원 측에서는 호흡기를 뗀 후 최대 3시간 뒤에는 호흡이 멈출 것으로 예상했다고 한다. 그러나 김 할머니는 점점 죽어가는 모습이 아니라 얼굴에 혈색이 돌았고 자발 호흡을 하면서 마지막 생명의 끈을 놓지 않았다고 한다. 여전히 눈을 뜨고 있고 호흡 수도 정상인과 같았다고 한다. 문제는 여기서 끝나지 않았다. 존엄사가 시행된 지 한 달이 지난 지금까지도 김 할머니는 안정적으로 평온하게 호흡을 계속 유지하고 있다는 것이다.

존엄사가 시행된 그날 오후 2시 이후부터 튜브를 통해 유동식을 공급하고 있는데 맥박과 호흡이 기계 호흡을 할 때와 크게 다르지 않다고 한다. 법원의 판결문은 '환자의 고통을 줄이기 위해 인공호흡기를 제거하라.'는 것이었으므로 수액과 영양 공급은 계속해오고 있다는 것이다. 언제까지일지는 몰라도 김 할머니는 자발 호흡으로 생명을 계속 유지할 수도 있다. 병원과 가족은 연명치료 조치를 중단할 것인지, 아니면 김 할머니 스스로 품위 있는 죽음을 맞이할 수 있도록 호스피스 병동으로 옮길 것인지를 결정해야 할 상황에 놓인 것이다. 이것이 산 사람들이 해야 할 몫이다.

식물인간이란 대뇌의 손상으로 의식과 운동기능이 상실되었지만, 호흡, 소화, 흡수, 순환 따위의 기능은 유지하고 있는 환자를 말한다고 한다. 어떻게 보면 의식이 없으니까 살아 있다고 할 수 없을지도 모르겠다. 그러나 분명한 것은 김 할머니는 지금 죽지 않은 것이다.

그렇다면 죽음은 무엇일까? 생명이 없어지는 현상 즉, 살아서 숨쉬고 활동할 수 있게 하는 힘이 없어지는 현상이다. 죽음에 이르는 것은 결코 간단하거나 쉽지 않다. 학문으로 정의하고 법률로 판단하고 결정할 문제가 아니다. 김 할머니의 1심 판결을 한 김천수 판사도 주어진 법과 상황 속에서만 판단할 수밖에 없었고 삶과 죽음의 문제는 인간의 한계를 넘어서는 부분이라고 말했다. 모두 인공호흡기를 떼어내면 곧바로 호흡이 멎을 것으로 생각했지만, 지금까지도 안정된 가운데 호흡과 맥박이 거의 정상이라는 것은 어떻게 설명하고 해석해야 할까. 인간의 생명을 거두는 것은 인간의 어떠한 작위적 활동으로도 아니고 자연의 섭리나 하늘의 뜻에 따라야 하는지도 모른다. 모진 것이 사람 목숨이라고 한다. 의식이 없어 말하고 표현할 수는 없지만 어쩌면 듣는 귀의 기능은 살아 있어서 산 자들의 결정과 조치와 말을 알아듣는 것 같은 김옥경 할머니, 김 할머니가 흘린 애잔한 한 줄기 눈물의 의

미는 과연 무엇일까? 못내 안타깝기만 하다.

차마 감지 못하고 응시하고 있는 눈은 이미 인간의 한계를 넘어선 인간의 죽음을 감당하지 못하는 산 자들을 한심하다는 듯이 바라보는지도 모르고, 가끔 움찔거리는 입술은 '너희가 사람의 죽음을 어떻게 할 수 있느냐?'고 말하고 있는지도 모른다.

(2009. 7. 25.)

가수 인순이

"저는 아버지를 본 적이 없습니다. 저는 6 · 25전쟁 참전용사들을 모두 아버지라고 부릅니다. 이번 공연에서 그분들께 한국 어디엔가 있을지도 모르는 자신의 자식들에 대한 부담감을 평생 가지고 계셨다면 이제 그만 내려놓으시라고 말씀드리고 싶습니다." 피부가 가무잡잡한 가수 인순이가 2010년 2월 4~5일 이틀간 미국 뉴욕에 있는 맨해튼 카네기홀에서 단독 공연을 갖기에 앞서 기자들과 인터뷰 도중 한 말이다.

나는 가수 인순이를 잘 모른다. 혼혈인으로서 발랄하고 열정적이며 풍부한 가창력을 지닌 여 가수라는 정도만 안다. 그런데 인순이가 알고 싶어졌다. 그녀가 인터뷰 도중 한 말 때문이다. 참담했던 한국전쟁 당시 주한 미군이었던 흑인 아버지와 한국인 어머니 사이에서 태어난 그녀가 당당하게 선언하듯 한 이 말 때문이다. 그녀가 한 말은 자기의 슬픈 고백이고, 그녀가 태어나게 된 사실도 모르는 아버지에 대한 증오 대신 화해이고 용서였기 때문이다. 전쟁을 경험한 우리 세대의 가슴을 저미게 하는 말이었다. 한마디로 놀라고 감동했다.

인순이는 본명이 김인순金仁順이고 1957년 4월 5일생이다. 1978년에 그룹 '희자매'로 데뷔하였으며 1994년에 결혼하여 외동딸을 두고 있다. 초롱초롱한 눈망울과 백옥 같은 하얀 이를 내보이며 밝게 활짝 웃는 모습이 우리에게 친숙하다.

그녀가 이번에 공연한 카네기홀(carnegie hall)은 뉴욕 최대의 고풍스런 홀로서 1891년 5월 차이콥스키가 지휘한 뉴욕 교향악단의 피로披露연주회로 개장되었다. 1898년 철강 왕 A. 카네기의 출자로 개축된 뒤 뮤직홀로 부르던 것을 카네기홀로 불리게 되었다. 좌석 수는 약 3,000석이고 작은 홀도 딸려 있다. 카네기홀은 세계 클래식 음악인들이 선망하는 꿈의 무대라고 한다. 그런 카네기홀에서 인순이는 1999년에도 한 차례 대형 콘서트를 가진 적이 있다. 그 당시 카네기홀 공연을 마치고 워싱턴 DC에서 한국전에 참전한 미국 노병들을 초청하여 공연한 적이 있다고 한다. 그때에도 "여러분이 제 아버지입니다." 라고 말하며 노래했었다고 한다.

한국 가수로는 최초로 카네기홀 무대에 두 번이나 선 가수가 되었다. 조명과 무대장치의 사용이 극도로 제한되고 까다롭기로 유명한 카네기홀이 외국 대중 가수에게 공연을 허용한 것은 매우 이례적이라고 한다. 평생 한 번 공연하기도 어려운 카네기홀 무대에 두 번씩이나 선다는 것은 그만큼 인순이의 가창력과 무대매너를 인정한 것이라는 평가다.

이번 공연은 뉴욕 공연 관계자 측의 제의로 지아트 미디어(JIART Media)에서 기획해서 이루어졌는데 공연 신청에서 허가까지 2년이나 걸렸다고 한다.

이번 공연에서는 인순이의 제안으로 미국에 있는 한국전 참전용사 100여 명과 16개 참전국의 유엔 주재 대사들을 초청했다. 올해가 마침 한국전 발발 60주년이라서 그 의미가 어느 해보다도 더하다. 인순이는 한국전 참전 군인들을 한때 원망도 많이 했지만, 이제는 그들이 지고 있을지도 모르는 마음의 짐을 덜어주고 싶었다고 했다. 그녀는 또 자식을 키우면서 얼굴도 뵙지 못한 아버지의 마음을 알 것 같다고도 했다. 그녀의 아버지는 한국전 당시 전쟁터에서 죽었을지도 모른다. 아니면 지금까지 미국 어딘가에서 살고 있을지도 모른다. 어쨌든 간에 그녀는 미국 흑인 아버지와 한국의 어머니 사이에서 태어났다. 그녀는 그 점을 솔직하게 고백했다.

유교적 전통이 강한 우리 민족의 정서상 아무나 쉽게 할 일은 못된다. 아직도 우리는 단일민족이라는 생각이 지배적이다. 이런 사람들 속에서 혼혈인들은 얼마나 많은 냉소와 손가락질을 받고 살아왔겠는가. 수없이 놀림을 받으며 외롭고 슬프게 살아온 게 사실이다. 인순이도 예외가 아니었을 것이다. 그런 그녀가 아버지에 대한 당당한 용서와 화해를 한 것은 포용하는 마음이 비단같이 곱고 바다처럼 넓기 때문이다.

인순이라는 인간이 이 땅에 존재하고 있는지도 모르는 아버지. 하지만 분명히 있었던, 알 수 없고 찾을 수 없는 그 아버지를 용서하고 화해하는 일은 오직 우주를 껴안을 만큼이나 가슴이 큰 자만이 할 수 있는 일이다. 그럼에도 그녀가 온갖 역경을 힘들게 헤쳐나와 인간 승리를 일구어낸 것은 한 인간의 위대한 성공 이야기가 아닐 수 없다.

그녀는 이번 공연에서 공연의 시작과 끝에 그녀의 노래 〈거위의 꿈〉을 불렀다고 한다. 노래를 부르는 도중 목이 메어 부르지 못하는 부분도 있었다고 한다. 나는 지금껏 이 노래를 알지 못한다. 이참에서야 가사를 알게 되었다.

> 난 난 알고 있었죠 / 버려지고 찢겨 남루하여도 / 내 가슴 깊숙이 보물과 같이 간직했던 꿈 / 혹 때론 누군가가 뜻 모를 비웃음 / 내 등 뒤에 흘릴 때도 난 참아야 했죠 / 참을 수 있었죠 그날을 위해 / 늘 걱정하듯 말하죠 헛된 꿈은 독이라고 / 세상은 끝이 정해진 책처럼 / 이미 돌이킬 수 없는 현실이라고 / ……중략…… / 저 차갑게 서 있는 운명이란 벽 앞에 / 당당히 마주칠 수 있어요 / 언젠가 난 그 벽을 넘고서 / 저 하늘을 높이 날 수 있어요 / 이 무거운 세상도 나를 묶을 순 없죠 / 내 삶의 끝에서 난 웃을 그날을 함께해요.

가사의 내용이 인간 인순이의 운명적 생애와 오늘날 인순이의 모습과 맥을 같이한다. 어찌할 수 없는 그녀의 운명을 그녀는 거스르려 하지 않고 긍정적으로 받아들이고 차갑게 서 있는 운명이란 벽 앞에 당당히 마주치는 용기와 자신감을 나타낸 노랫말이다. 가슴을 아리게 하고 공감이 가는 내용이다. 그녀는 또 공연 중간에 그녀의 노래 〈아버지〉를 불렀다고 한다. 그녀만의 판타지아(fantasia : 환상곡)를 선보인 것이다.

> 한 걸음도 다가설 수 없었던 / 내 마음을 알아주기를 / 얼마나 바라고 바라왔는지 / 눈물이 말해준다 / 점점 멀어져 가버린 쓸쓸했던 뒷모습에 / 내 가슴이 다시 아파온다 / 서로 사랑을 하고 서로 미워도 하고 / 누구보다 아껴주던 그대가 보고 싶다 / 가까이에 있어도 다가서지 못했던 / 그래 내가 미워했었다 / ……중략…… / 가슴속 깊은 곳에 담아 두기만 했던 / 그래 내가 사랑했었다 / 긴 시간이 지나도 말하지 못했었던 / 그래 내가 사랑했었다.

이 가사 역시 그녀의 고백이고 절규다. 얼굴도 이름도 존재 여부도 모르는 아버지에 대한 그리움과 애증을 노래한 것이다. 한꺼번에 밀려오고 솟구쳐오르는 시린 마음에 그녀는 이 노래를 부르면서 많이도 울었다고 한다.

세실리아(cecilia) 인순이의 공연을 보기 위하여 신부와 수녀들도 많이 참석했었다고 한다. 그녀는 이들을 위하여 성가도 불렀다고 한다. 장장 2시간 30분 동안의 공연은 시종일관 뜨거운 열정의 무대였다고 한다. 온몸으로 노래한 그녀는 어쩌면 공연 내내 정체불명의 아버지를 향한 하소연을 하였는지도 모른다. 가련하고 애틋한 외침이고 부르짖음이었는지도 모른다.

그녀가 불렀던 노래는 그녀와 처지가 비슷한 사람들을 대신한 울부짖음이었을 수도 있다. 지금까지 살면서 얼마나 서러웠겠는가. 얼마나 외로웠겠는가. 얼마나 아버지가 보고 싶었겠는가.

누구도 그녀의 입장이 되지 않고는 그녀를 말할 수 없다. 오직 그녀만이 그녀를 말할 수 있다. 그녀가 불렀던 노래는 사부곡이 되어 많은 듣는 이의 가슴을 찡하게 울리고 있다. 우리 민족이 안고 있는 전쟁으로 인한 상흔傷痕을 어루만져주고 있다. 동시에 다시는 이 땅에 전쟁이 일어나서는 안 된다는 메시지로 메아리 되어 울려 퍼지고 있다.

(2010. 2. 18.)

16년 만에 완성된 노래

— 〈한마음의 노래〉 작곡을 계기로

내가 태어난 곳은 문포라는 조그마한 포구가 있는 전라북도 부안군 동진면 산월리다. 그곳에서 나는 혈혈단신 가난한 농부인 아버지와 부모님 얼굴도 모르고 자라나신 어머니 밑에서 일곱 형제의 맏이로 태어났다.

그 무렵 우리 시대를 산 대부분 사람들의 생활이 다 그러했지만 나 역시 예외가 아니었다. 내가 자라나던 시절의 경제상황을 말하자면 철저하게 쪼들린 가난이란 말밖에 없다. 정말 먹을거리가 그렇게도 없었는지 모른다. 먹어서 죽지만 않는다면 다 먹었다. 어지간한 잡초는 모두 다 대용식이 되었다. 대부분 생활의 중심이 먹을거리 장만에 있었다. 그러한 상황에서도 대부분의 부모님께서 유일하게 관심을 가진 분야가 있었다. 그것은 다름 아닌 교육이었다. 어떻게든 자식을 가르치려는 몸부림은 차라리 처절하기까지 했다. 맺힌 한을 풀려는 듯 안간힘을 썼다. 그러나 부익부 빈익빈의 상황이 대물려 내려온 가정 형편으로는 호구지책이 우선이지 교육은 그다음 순서로 밀려날 수밖에 없었다. 그 당시 절체절명의 필수적 의무였지만 생리적 욕구 충족이 먼저였다. 먹고사는 것보다 배우는 것이 앞설 수는 없었다. 어쩌면 그것은 사치스런 일이기도 했다.

부모님께서 어려운 가정 형편에서도 교육에 열을 올린 데에는 그만한 이유가 있었다. 그 당시 사회는 배운 자만이 관직 등 힘(권력) 있는 자리에 오를 수 있기 때문이었다. 당시 사회적 상황에서는 권력만큼 힘 있고 좋은 게 없었다. 무소불위의 권력은 부를 비롯해 한꺼번에 모든 것을 얻을 수 있다고 믿었다. 나라의 어두운 단면이고 어지러운 사회상을 그대로 드러내는 대목이 아닐 수 없다. 그래서 모든 부모가 자식을 가르치려고 안간힘을 썼고 자식들도 배우려는 노력을 게을리하지 않았다. 그 때문에 가끔 개천에서 용이 나오는 이변도 일어나고 자수성가의 사례도 나오곤 했다. 식솔이 많은 부모는 자식의 교육정책(?)을 대부분 큰아들이나 영리하다고 판단되는 자식 하나를 선택하여 집중하였다. 요즈음 말로 표현하면 선택과 집중이었고 경제용어로 말하면 불균형 성장정책(?)이었다. 막대한 투자가 필요한 교육 사업에 모든 자식을 대상으로 하기에는 능력이 태부족이고 한계가 있기 때문이다. 장자나 쓸만한 자식 하나만 잘 가르치면 나머지 가족은 그가 모두 다 챙기고 꾸려나갈 것이란 계산적 믿음이 내심에 있기 때문이다. 이러한 관행은 우리 민족의 전통적 정서와도 무관하지 않다. 장자에게는 그러한 책임과 의무가 지워져 있었다. 일종의 관습법적 불문율이었다.

그러나 이러한 예상이 빗나가는 사례가 있어 집안에 불화가 생기는 경우도 종종 발생하기도 했다. 집집이 정해진 교육 대상자는 그가 처한 처지와 형편이 다를 수밖에 없어서 각기 교육 수준과 교육의 질이 차이가 날 수밖에 없었다. 초등학교가 최종학력인 사람, 중학교, 고등학교, 대학교가 최종학력인 사람 등 정도의 차이가 생길 수밖에 없었다. 이러한 시대적 상황과 배경 속에서 나도 예외 없이 그 중심에 있어야 했다. 물론 불균형 성장 교육정책의 대상자이기도 했다. 나는 징검다리 학교 교육을 받았다. 초등학교를 졸업하고 곧바로 진학하지 못하고 그 이듬해에 중학교에 들어갔고 중학교를 졸업한 뒤에는 농사꾼으로 전락해 있다가 무단가출(?)이란 결행으로 가까스로 실업고등학교에 진학할 수 있었다. 고등학교 3학년 초에 공무원 시험에 합격하여 40년 동안 공직 생활을 했다. 나 역시 여느 장자와 같이 장자로서의 책임과 의무감이 누구보다도 강하다고 자부한다. 지금까지 살면서 마음속 깊이 간직하며 실천해온 것이라면 형제간 우애와 가정의 화목이다. 가화만사성家和萬事成이라고 굳게 믿고 살기 때문이기도 하지만 자라면서 받아온 부모님의 가르침과 우리 민족의 전통적 정서가 항상 나를 지배하고 있었기 때문이다. 집안의 대소사나 어려운 상황이 있을 때면 그때마다 전방위적 지휘와 솔선을 했다. 실로 지나온 과거사를 생각하면 끔찍하리만큼 아찔하고 현기증이 날 것 같다. 어떻게 그런 파란만장한 세월을 이기며 살아왔는지 꿈만 같다. 용하게도 앞이 보이지 않는 암흑같이 어두운 터널을 헤쳐 빠져나왔는지 실감나지 않는다. 지나온 삶이 다가올 미래라면 지금은 그 길을 못 갈 것 같다. 무거워서 짊어질 수도 없고 어둡고 캄캄해서 앞으로 걸어갈 수도 없을 것 같다. 그러나 그때마다 나는 힘과 용기를 얻었고 절망과 좌절을 몰랐다. 다행스럽고 감사한 일이다.

나는 형제의 우애와 화목을 위하여 1988년도에 형제들의 모임을 만들었다. 모임의 이름을 '한마음회'라 명명하였다. 한 핏줄을 타고난 형제는 언제나 한마음이어야 한다는 생각과 형제가 한마음이어야 서로 우애할 수 있다는 생각에서였다. 그리고 매월 한 번씩 모든 형제가 만나도록 했다. 물론 형제의 아내를 비롯한 가족의 참여는 당연하다. 바늘 가는 데 실 가지 않을 수 없다. 그렇게 태동한 모임이 지금은 어언 20년이 훌쩍 넘는 세월이 흘렀고 매월 첫 번째 주 토요일이 정기적인 모임 날이다.

어느 날 나는 모임의 의미와 형제의 우애를 더욱 돈독히 하기 위하여 모임의 주제가를 만들기로 작정하고 그동안 마음속으로만 구상해 오던 노랫말을 1994년 7월 9일에 완성하면서 제목을 〈한마음의 노래〉로 붙였다. 노랫말의 내용은 우리 형제가 태어나 자란 고향 산월리를 배경으로 하여 모임의 성격과 모습을 담았다. 어렵던 시절에 일곱 형제가 태어나 애환을 함께하며 자랐던 고향 산월리. 그곳을 빼고는 우리를 말하지 못한다. 우리는 그곳에 뿌리가 있고 추억이 있다. 지금은 낯선 이가 많이 살고 적막하고 썰렁하지만, 동산과 고샅은 옛 모습 그대로다. 수많은 사연과 전설 같은 얘기가 묻혀 있고 배어 있는 포근하고 아늑한 고향이다. 고향의 정경과 형제애가 깃든 노랫말을 지어놓고도 곡을 붙이지 못해 미완의 노래로 남아 있던 차에 2009년도에 초등학교 동기 모임 때 노규환이란 친구를 만나 노랫말이 실린 내 처녀 수필집 ≪생각이 머무를 때면≫을 선물하였더니 노랫말을 발견하고 음악을 전공한 자기 딸과 사위에게 부탁하여 곡을 붙이겠다고 하더니만 작년(2010년) 말 모임 때 악보와 함께 노래까지 부른 것을 CD에 담아서 보내왔다. 그 친구를 만난 지 1년 만이고 노랫말이 지어진 지 16년이 지나서야 비로소 노래가 완성된 것이다. 원래 노랫말에다 곡의 흐름과 조화를 위하여 두어 군데 고치긴 했지만, 의미상으로는 변한 게 없다. 다시 한 번 친구와 그의 딸, 사위에게 깊은 감사를 드린다.

한마음의 노래

1. 문포의 갯바람과 정자나무 어우러진
정다운 내 고향 산월리는 칠 형제 쌈 터였다오
신작로 길 멀어 북풍한설 살을 에어도
봄날 양지쪽엔 끈끈한 잔정 녹아 있지요
법 없이 살아가라 착하게 살아가라
부모님 가르침을 마음 새기며 바르게 살아가는
우린 한마음 사랑의 형제

2. 그리운 마음으로 온 가족이 마주앉아
하나님 말씀과 찬양으로 새로운 마음 다진다
오순도순 세상 이야기로 밤을 지새도
마냥 즐거움에 피곤한 마음 잊어버리죠
슬픔도 괴로움도 서로가 내 일같이
값있게 보람있게 함께 나누며 정으로 살아가는
우린 한마음 믿음의 형제

이제 우리는 이 노래를 우리 형제의 모임인 한마음회의 주제 음악으로 삼고 모임 때마다 형제가 함께 부르려고 한다. 이 노래의 정식 탄생을 계기로 한 걸음 더 나아가 욕심을 부린다면 형제의 우애가 변함없기를 소망하고 지금보다도 더한층 격조 높은 우의를 다지는 계기가 되었으면 좋겠다. 이 땅에 사는 날까지 형제가 서로 소중하게 여기고 모두를 하나로 아우르려는 이해와 양보, 헌신과 희생 그리고 솔선의 아름다움이 지속되기를 희망한다.

반목과 시기와 질투가 난무하는 세상에서도 20년이 넘게 이어져 오는 한마음회는 감히 자랑할 만하다. 물론 그동안 모임이 순탄치만은 않았다. 온갖 우여곡절이 있었지만, 인내와 끈기로 오랜 세월 동안 참고 이해하고 양보한 산물이고 결과다. 하마터면 묻혀버릴 뻔했던 노랫말이 십수 년이 지나서나마 빛을 발하게 된 것이 무척이나 다행스럽고 감사하다. 가슴 한구석에 무언가 막혔던 커다란 장벽이 무너져 내린 것처럼 탁 트이고 시원하다. 이제 이 노래를 통하여 형제애를 더욱 돈독히 하고 형제의 소중한 사랑을 마음껏 노래하련다.

(2011. 1. 26.)

---

* 이 책 맨 끝 쪽 <한마음의 노래> 악보게재

연극 <북어 대가리>를 보고

엉겁결에 작품 몇 편 낸 것이 채택되는 바람에 어쭙잖게 수필 문단에 발을 디딘 지도 어느새 3년이 되었다. 그 바람에 내로라하는 많은 선배 작가들과 동인 모임을 하게 되어 속으로 영광스럽게 생각하며 늘 뿌듯한 자부심도 느끼고 지내는 터이다.

2008년 3월 13일. 그날도 선배 동료 수필가들의 모임이 있던 날이었다. 지금까지 두 갈래로 모임이 나누어져 있었는데, 마음과 뜻을 같이 하여 하나의 모임으로 통합하고 두 번째 만남이었다. 새로 뽑힌 회장께서 모일 때마다 다양한 이벤트(event)를 준비하겠다는 의지가 있어 그날은 그 첫 번째로 전주 창작극회가 마련한 <북어 대가리>란 연극 공연을 관람하자고 했다. 솔직히 말해서 연극엔 관심도 없고 별로 아는 것도 없으며 흥미도 없었다. 어쩌다 TV나 신문 등에서 배경 동영상이나 머리 그림으로 잠깐씩 나오는 것과 관객 앞에 배우가 직접 등장해서 연기하는 것이라는 정도 이상은 아는 바 없는 나였다. 내 나이 예순이 되도록 연극 한번 관람하지 않았다니 내가 생각해도 무던하다.

그래서인지 한번 관람해봐야겠다는 생각이 들어 일행과 함께 난생 처음으로 '창작소극장'을 찾았다. 정말 말 그대로 조그마한 소극장이었다. 지하층이었는데 마치 창고 같았다. 나중에 알아보니 그래도 아쉬운 대로 100명 정도는 앉을 수 있다고 했다. 처음 관람하는 것이라서 분위기도 낯설고 어색했지만, 공연이 기다려졌다. 공연 관계자의 관람 시 주의사항이 끝난 뒤 무대의 불이 꺼지고 캄캄하던 무대가 조명 불빛과 함께 서서히 밝아 오면서 공연의 막이 올랐다.

연극에 대하여 아는 바는 없지만, 평소 이런 생각을 하기는 했다. '연기演技하는 모습을 필름에 찍어 동영상으로 보는 영화는 관객이 없이 연기해도 되지만 연극은 배우가 관객 앞에 나와 관객이 보는 데서 실수 없이 직접 연기해야 하니 얼마나 어렵겠는가.' 라고. 그래서 배우보다 내가 더 걱정이 앞섰다. 그러나 그것은 나의 기우였다. 역시 평소에 연극에 대하여 무식해서 나온 걱정이었다.

〈북어 대가리〉의 줄거리를 보면 이렇다. 조그만 창고 속에 자앙과 기임이라는 두 명의 창고지기가 살고 있다. 그들은 오랜 세월 동안 창고 속에서 함께 살면서 상자들을 지키며 입·출고入·出庫의 일을 해왔다. 매일 새벽이면 화물트럭이 와서 부속품이 들어 있는 상자들을 창고 앞에 내려놓으면 이들은 트럭운전사가 가져온 서류에 기록된 대로 상자들을 분류해서 창고 안에 옮겨 쌓고 내보낼 상자들을 트럭에 싣는다.

그런데 날마다 밥만 먹으면 취급하고 관리하는 이름 모를 부품이 든 상자들에 대하여 두 사람의 창고지기는 정반대의 견해를 가지고 있다. 자앙은 단 하나의 상자라도 다른 상자와 섞이지 않도록 잘 보관했다가 출고하는 것만이 자기가 맡은 일을 충실히 하는 것이며 꼭 지켜야 할 수칙이라고 믿는다. 그러나 기임은 그 부품들이 무엇인지도 모르는 상태에서 그렇게까지 할 필요가 있겠느냐는 입장을 취한다. 오히려 기임은 다른 창고의 창고지기들처럼 적당히 상자들을 쉽고 빠르게 처리하고 여가를 재미있게 보내기를 바라면서 자앙에게 그 같은 뜻을 제안한다. 한편, 트럭운전사에게는 다링이라는 별명을 가진 딸이 있는데 그녀는 바람둥이로서 많은 창고지기들과 문란한 교제를 하고 있으며 그 중에는 기임도 포함되어 있다. 기임은 그녀와 결혼해서 창고 밖으로 나가 살고 싶어한다. 그렇지만 고지식한 자앙은 불성실한 기임의 일하는 태도와 생활 방법을 고쳐주려고 애를 쓴다. 그러면서 자앙은 기임이 다링과의 교제를 그만두고 자기와 함께 평생 창고 속에서 살기를 바란다. 그래서 기임의 마음을 돌려보려고 기임이 다링을 만날 때마다 잔뜩 술에 취해 돌아오면 의붓어미처럼 잔소리하면서도 정성스럽게 북어로 해장국을 끓여준다. 다링은 부속품 상자들을 아무렇게나 다루는 대부분의 창고지기에게 사랑을 느끼지 못하고 자앙에게 호감을 느끼고 구애하지만 자앙은 그녀의 사랑을 받아주지 않는다.

그러던 어느 날, 창고지기 생활에 권태를 느낀 기임은 상자 하나를 고의적으로 바꾸어서 트럭에 실어 보낸다. 이 같은 사실을 안 자앙은 기임을 탓하기보다 자신에게 책임이 있다고 생각하지만, 뒤바뀐 부품으로 뭔가 잘못 만들어지면 큰 사고가 난다는 것을 생각하니 두려움이 커진다. 하지만 상자가 실려간 지 여러 날이 지났는데도 잘못되었다는 연락은 오지 않는다. 시간이 지날수록 자앙은 온갖 상상의 공포가 더해간다. 상자 주인을 찾아 잘못된 사실을 알리려고 편지를 쓰는 등 온갖 노력을 다해보지만, 부품 상자들은 중간 유통과정에 여러 갈래로 흩어지므로 결국 어떻게 되었는지 알 수 없다는 사실을 안다.

그 후 얼마의 세월이 지나고 마침내 동고동락했던 기임은 다링과 함께 창고를 떠나게 되고 자앙은 몸뚱이를 다 잃고 머리만 덜렁 남아 심각한 표정을 짓고 있는 북어 대가리처럼 덩그러니 멍청하게 창고 속에 홀로 남는다. 단 하나의 상자도 바뀌지 않게 입·출고시켜야 한다는 투철한 사명감을 삶의 보람으로 알고 살아온 그가 공허하고 멍청하게 혼자 서 있게 된다. 세상과 타협하고 소통하기보다는 자신의 직분에 충실해야 한다고 생각하는 자앙은 "우주는 또 하나의 거대한 창고야. 이 창고를 벗어나도 결국 다른 창고에 머무는 거야. 그래서 지금 이 창고에서 행복을 느끼지 못한다면 다른 창고에 들어가 본들 결코 행복할 수 없다."면서 어차피 우리 인간은 숙명적으로 거대한 창고 속의 삶을 살고 있다는 의미 있는 말을 던진다.

극중 두 인물은 똑같은 일을 하면서도 삶에 대한 사고思考와 인식認識의 틀이 달라 충돌한다. 오늘을 사는 사람들의 시대적 상황과 여건 속에서 사회의 한 단면을 보는 듯했다. 이 세상이 정상적이고 순탄하게 돌아가는 것처럼 보이지만, 때로는 모순과 허점투성이로 뒤범벅된 단면도 너무 많은 게 사실이다. 창고 속에 묻혀 산다고 해서 세상과 등지고 산다고 볼 수도 없고 세상을 모른다고 말할 수도 없다. 등장하는 네 사람의 주인공들을 통하여 폐쇄적 공간인 창고 속 삶과 창고 밖 열린 세상과의 연결 문제를 놓고 고민하는 모습을 발견하게 된다.

사방이 가로막혀 폐쇄된 공간인 창고지만 문이 있어 모든 물건들이 들어오고 나간다. 또한, 창고는 세상과 벽으로 격리되어 있으면서도 통로가 마련되어 있어 연결되어 있다. 그러므로 창고 속의 삶이라고 해서 세상을 모른다고 말해서도 안 되고 세상이 잘못되었다고도 섣불리 말하면 안 된다. 북어는 머리와 몸통 꼬리가 다 붙은 채로 살아 있을 때 비로소 대가리가 으뜸이고 우두머리일 수 있는 것이다. 그렇지만, 몸통과 꼬리가 다 떨어져나가 덜렁 머리만 남은 북어 대가리는 더는 우두머리일 수 없다. 말 그대로 본래의 기능을 상실한 대가리일 뿐이다. 몸통과 꼬리가 있는 정상적인 북어만이 머리로 생각하고 판단할 수 있는 온전한 북어 대가리인 것이다.

세상을 바라보고 판단하는 것도 머리로만 해서는 안 되고 가슴과 온몸으로 보고, 판단하고, 느끼고, 생각해야 한다. 연극 <북어 대가리>는 어쩌면 폐쇄된 공간에서 일상의 삶을 살아가고 있는 우리 시대 사람들의 표본을 추출하여 극화한 것인지도 모르겠다. 뭔가 한마디로 결론지을 수는 없지만, 현대를 사는 우리에게 무언가 강한 메시지(message)를 시사해 주었다.

(2008. 3. 29.)

꿈이 현실로

— 고속철도 시대에 부침

아주 어릴 적 읽은 만화책이 생각난다. 마을 앞 먼발치서 연기를 내뿜으며 칙칙폭폭 소리를 내는 기차를 보고 시골 노인들께서 하는 말이 '연기가 나는 것을 보니 분명 집은 집인데 참 이상하다. 어떻게 집이 저렇게 달려갈 수 있는가.'였다. 촌로로서는 보고 들은 게 그런 수준이었기 때문에 정서적으로 그럴 수밖에 없었을 것이다. 기차의 몸체는 연이어진 집으로 보였고, 집의 지붕 위로 연기 나는 것은 농가의 굴뚝에서 연기 나는 것 외에는 본 적이 없었을 테니까 말이다. 그 당시를 산 사람들은 하늘을 나는 비행기며, 오늘날과 같은 고속철도 같은 것은 꿈에서도 상상하지 못했을 것이다.

우리나라에서 고속철도의 역사는 매우 짧다.

제5차 경제사회발전 5개년 계획(82~86)에 서울-대전 간(160km)의 고속전철 건설계획을 반영했고 83~84년도에 서울—부산 간의 고속철도건설의 타당성을 조사하여 89년 5월에 마침내 경 · 부 고속철도의 건설방침이 결정되고 92년 6월에 천안—대전선 4개 공구가 착공되면서 본격적인 고속철도 건설의 막이 올랐다. 마침내 2003년 12월 말 서울－대전 구간 개통을 시작으로 서울-부산 간, 서울-목포 간을 2004년 4월에 동시 개통하자 전국이 고속철도 덕분에 1일 3시간대 반나절 생활권 시대를 맞게 되었다.

그뿐만 아니라 철도수송 능력의 배가로 교통 혼잡 해소 및 물류비 절감, 유동인구의 증가와 업무, 여가활동 공간이 대폭 확대되어 주5일 근무제 등과 더불어 관광수요가 격증하는 등 국민 생활에 대한 일대 변혁이 예상되고 있다. 출발 후 6분 8초면 최대 운용속도인 시간당 300km에 이르고 제동하는 데에도 2분 32초 동안 6,400m를 달려야만 멈출 수 있다니 정말 실감나지 않는 게 사실이다. 그뿐만 아니라 시간당 400km대의 속도로 주파할 수 있는 기술개발도 머지않을 것이란 관측이 나오고 있어 세계가 그야말로 속도 전쟁이라도 벌일 기세다. 뜻이 있으면 길이 있다는 말처럼 인간의 한계는 끝이 없는 것 같다. 바야흐로 꿈이 현실로 다가온 셈이다. 불과 몇십 년 전만 해도 상상할 수 없었던 일이 어느 사이에 우리의 생활 속에 파고든 것이 아닌가!

우리나라도 1980년대까지는 지속적인 경제성장을 하였으나 1990년대에 들어서면서 경제성장률이 주춤하였다. 임금 상승 등에 따른 경제력 및 생산력의 약화, 국외관광에 따른 무역외 수지의 증가 등 여러 가지 요인이 있었으나, 적절한 시기에 교통 인프라의 확충을 못한 것 또한 발목을 잡는 요인이 되었다.

1990년대에 들어오면서 정부에서 의욕적으로 추진한 사업으로 경부고속철도의 건설과 인천국제공항의 건설을 들 수 있다.

선진국에서는 본격적인 자동차가 보급되기 이전에 철도를 중심으로 중장거리 수송체계가 발전되었고, 이를 근간으로 대중교통과 개인교통이 잘 발달하여 철도에 대한 시민의식이 긍정적이며 친숙하게 자리잡아 왔다. 우리나라는 철도교통이 성숙하기 이전에 자동차 중심의 교통체계가 그 발전 속도를 압도하였고, 철도교통을 보조하기 위한 대중교통이 체계적으로 발전하지 못한 데다 철도교통의 역할에 대한 시민의식이 긍정적인 면보다는 부정적인 측면이 더 드러나는 실정이었다.

많은 교통전문가와 시민단체는 현재의 심각한 교통문제를 자동차 위주의 교통정책에서 그 원인을 찾고 있고, 이의 해결책으로 수송력과 대기오염 등에서 우수한 철도와 대중교통 중심의 교통체계로 전환되어야 한다는 점에 이의를 제기하지 않는다.

특히, 철도는 지역 간 여객 및 화물의 운송뿐만 아니라, 안전과 친환경적인 측면에서도 그 우수성이 인정되고 국내 교통문제의 효과적인 해결책이 될 수 있어 이러한 철도의 우수성과 필요성에도 정작 노선 통과 주변지역 주민 및 지방자치단체의 이기적인 이해관계로 철도건설이 원활히 추진되지 못하는 실정이다.

최근 급격한 정보통신기술의 발달 때문에 단순한 자료관리 차원을 넘어서 체계적으로 자료를 가공하고 축적 · 공유 · 활용하는 것이 가능해지고 있다. 따라서 교통문제에도 교통인프라의 정보화가 필요하다. 교통 인프라의 정보화란 기존의 교통 인프라 시설과 이를 지원하는 자료 및 운영체계에 새로운 정보통신기술을 도입 · 활용하는 것이다. 국가 전체의 교통 인프라를 총량적 개념과 차원에서 여객과 화물로 크게 나눠서 계획되고 시설되고 운영되어야 하고 정보화 역시 같은 맥락에서 추진되어야 할 것이다. 우리나라의 교통 인프라 구축은 국가 총량적 개념에서는 다소 미흡한 점이 있는 듯하다. 고속철도의 건설 쪽에 초점을 맞춰 추진한 육상교통과 물류체계는 고속철도 개통

이후에 버스와 화물차의 교통 및 물류체계, 항공수요의 격감 등에 대한 기능 정립과 대안의 제시가 부족한 것 같다. 또한, 지역과 도심을 통과하는 철도 구간에 미치는 영향에 대한 검토와 대책 마련도 미흡하고 부족한 실정이다.

일본 · 영국 · 프랑스 등의 철도는 단순히 철도가 오래되었다는 사실만이 아니고 철도가 도시와 조화가 되도록 부단히 노력해왔다는 점이다.

철도계획을 도시계획 차원에서 접근함으로써 공항과 도심의 공동화의 촉발 요인을 철저히 줄이고 있다.

우리나라도 탄력적 노선개발 및 공급 등의 장점을 가지고 있는 버스교통을 중단거리의 지역 간 기저 교통수단으로 기능부여와 투자가 이루어져야 한다.

이와 함께 검토되어야 할 분야가 지방공항의 활성화이다. 서해안, 중앙 및 대진고속도로 개통, 영동고속도로 확장 이후 서울과 지방도시 간의 항공수요가 격감하여 지방도시와 연결된 상당수의 항공노선이 폐지되거나 운항이 휴지 중에 있다. 이 같은 상황에다 경부고속철도와 호남선 고속열차의 운행은 항공수요를 더욱 감소시키고 있다.

한편, 고속철도의 개통 때문에 수도권과의 시간이 단축되었다고 해서 지역발전으로 이어지는 것이 아니고 교통수단이 대형화, 첨단화, 고속화되어 이용자에게 신속성과 편리성을 제공하지만, 오히려 지역발전에는 역작용이 될 수 있다. 우리 도의 경우 고속철도와 연결된 익산 · 정읍과 같이 중 · 소 규모의 도시는 단기적으로 수도권과 대도시로의 인구유출이 우려되고 도시 발전 역시 침체와 쇠락의 우려도 있다.

따라서 철저하고도 체계적인 미래 지향적 장기 발전계획을 수립하여 정읍과 새만금 · 변산 국립공원 · 군장산업단지 등을 연계로 한 특화산업의 집적화와 함께 주제 있는 문화 · 관광시설의 확충이 시급하다. 또한, 정차 역을 중심으로 한 역세권의 개발과 지역경제의 활성화 전략이 절실히 요구된다고 본다.

(2009. 8. 17.)

가래로 막아서야
가진 자가 주어야
개천에서 난 용
건배소고
병들어가는 사회 이대로는 안 된다
절실한 인성교육
버는 것은 기술, 쓰는 것은 예술
인류의 재앙
주5일근무 소고
그만 할 때도 되었다

가래로 막아서야

모르는 게 약이라는 말이 있다. 사람이 세상을 살면서 모든 것을 다 알겠는가. 그럴 수도 없을 뿐더러 그런 사람도 없을 것이다. 박식한 게 좋을 때도 있지만, 경우에 따라서는 모르는 게 좋을 때가 있다. 알면 병이 되고 걱정되고 독이 되는 일도 있다.

나는 인터넷 게임을 잘 모른다. 컴퓨터 세대가 아니어서 그러기도 하지만 원래 다른 놀이도 게임엔 별로 관심이 없다. 더욱이나 컴퓨터로 하는 인터넷 게임은 아예 관심 밖이다. 그 덕분에 인터넷 게임에 몰입하거나 중독될 염려가 없어서 다행이다. 그런데 게임에 대하여 관심이 있고 없고를 떠나 최근에 발생하고 있는 인터넷 게임의 폐해를 보고는 그냥 지나칠 수가 없다.

지난 설 연휴 때 PC방에서 혼자 생활하던 30대 남자가 고향에도 가지 않고 닷새 동안 연속으로 온라인 게임을 하다가 졸도해 병원으로 옮겨졌으나 숨졌다는 보도가 있었다. 또 얼마 전에는 20대 청년이 게임을 그만 하라고 말리는 어머니를 살해한 사건도 있었다. 이뿐만이 아니다. 이번에는 부부가 함께 온라인 게임을 하느라 생후 3개월짜리 딸을 굶겨 죽게 한 일이 뒤늦게 알려졌다. 보도에 따르면 이들 부부는 어린 딸을 혼자 집 안에 놓아둔 채 인근 PC방에서 오랜 시간 게임을 즐기다가 결국 아이를 굶겨 죽게 했다고 한다.

경기도 수원시에 사는 남편 김 모(41세)씨와 부인 김 모(25세)씨는 2008년 8월 인터넷 채팅을 통해 만나 사귀다가 2009년 2월에 결혼했다. 이렇다 할 생업이 없던 이들은 수원시 권선구의 보증금 200만 원짜리 반지하 단칸방에 살림을 차렸다. 2009년 6월에 낳은 딸은 몸무게가 2.25kg인 미숙아였지만 아이를 제대로 돌보지 않았다. 신생아인 딸에게 하루에 분유를 한 번만 먹였다고 한다. 그러면서도 이들 부부는 하루에 몇 시간씩 온라인 게임 중독에 빠져 있었다. 이들은 지난해 9월 23일 오후 7시 무렵부터 다음날인 24일 오전 7시 반까지 집 근처 PC방에서 게임을 하고 집에 돌아와 보니 딸이 숨져 있었다고 경찰에 신고했다. 그런데 딸이 그냥 죽었다는 이들 부부의 말과는 달리 죽은 딸이 지나치게 마른 것을 보고 경찰이 수상하게 여겨 국립과학수사연구소에 부검을 의뢰하였다. 그러자 이들 부부는 겁을 먹고 달아났다가 5개월여 만에 붙잡혔다. 경찰 관계자가 발표한 바로는 당시 신고를 받고 집에 출동했을 때 젖병에 담겨 있던 분유는 썩어 있었다고 했다.

이들 부부가 즐긴 게임은 '프리우스 온라인'이라는데 이용자가 기억을 잃어버린 '아니마'라는 소녀 캐릭터와 함께 전투를 벌이는 내용의 다중 온라인 게임으로 2008년 10월부터 공개 서비스되었다. 특히 이용자들은 일정 수준의 레벨이 되면 아니마 캐릭터를 데리고 다니며 키울 수 있는 자격을 얻게 된다고 한다. 또 이용자들은 아니마 캐릭터에게 옷과 장신구를 사주거나 블로그에 육아 일기까지 쓰면서 딸처럼 키우는 것으로 알려졌다. 김씨 부부도 게임 레벨이 높아 아니마를 키울 수 있는 자격을 얻어 이 소녀 캐릭터를 양육하고 있었다고 한다. 즉 사이버상에서 가상의 아이를 보육했다는 것이다. 게임이니까 그럴 수 있겠다고 이해는 한다. 그러나 실제 현실에서 자기가 낳은 딸이 우선이어야 하는 것이지 게임 속에서 캐릭터를 키우는 데에 빠져서 딸을 굶어 죽게 했다는 게 말이나 되는 처사인가. 도대체 이 세상이 어떻게 되려고 이러한 상상할 수 없는 기막힌 일이 발생하는지 알 수가 없다. 뭐가 뭔지 머리가 돌아버릴 지경이다.

나는 언론을 통하여 이런 뉴스를 접하면서 정말 그랬을까. 그럴 수 있을까 하는 생각이 들었다. 얼마나 게임에 몰입되고 중독되어 있으면 죽을지 살지도 모르고 게임을 하고 어머니를 살해할 정도의 패륜적 범행을 저지르고 자신들의 갓난아이가 굶어 죽어가도록 방치했을까. 일시적 사회 현상이나 한두 건의 사건으로 치부할 일이 아니다. 분명히 드러난 사건의 이면에는 그럴 수밖에 없었던 환경적 요인과 상황이 있을 것이다. 효는 백행지본이라고 했는데 그동안 우리는 효를 비롯하여 도덕과 인륜을 중시하는 인성교육에 소홀한 것은 아니었는가. 자기 자신에 대한 자긍심을 가질 수 있도록 사회적 약자에 대한 배려는 어떠하였는지 짚어볼 일이다.

게임중독에 빠져 딸을 숨지게 한 부부를 면담했다는 한 네티즌의 글을 인터넷에서 보았다. 남편 김 모 씨는 어려서부터 몸이 허약하여 소극적이고 무력하게 살아왔지만, 남에게 손해를 끼치는 일도 없고 싫은 소리도 못하는 평범한 남자였다. 아내 김 모씨 역시 고교 때부터 아기랑 함께 가는 엄마들만 보면 부러웠고 딸 아들 하나씩 둔 가정을 갖는 것을 꿈꿨다는 평범한 여자라고 했다. 그들은 서로 사랑했고 지금도 무척 챙기고 아낀다고 한다. 그런데 그들은 가난하고 무기력한 상태에서 처가살이하며 온종일 집에만 있는 것이 눈치가 보여 PC방에 가기 시작했고 구직정보와 기사 검색을 하다가 인터넷 역할놀이게임(RPG)에 빠져들었다. 아기를 가질 준비가 안 된 상태에서 아기를 가졌고 아기는 미숙아로 태어났다. 영양실조로 모유는 안 나왔고 아이가 아파서 우는지 배가 고파 우는지도 모르고 아기가 다칠까 봐 목욕도 제대로 못 시키는 엉터리 부모였다. 돈이 없어 병원 갈 엄두도 못 내는 무능한 부모였다. 온종일 어쩔 줄 몰라 아기와 함께 씨름하다 아기가 잠이 들자 평소 습관대로 PC방에 드나들기 시작했다고 한다. 얼마나 무책임한가. 아쉬운 대목이 너무 많고 안타깝기 그지없다.

PC게임은 이미 놀이문화의 한 부분으로 자리잡았다. 특히 청소년들 사이에서는 새로운 종류의 놀이로 바뀐 것이다. 학생들이 PC방에 출입하는 것은 보편화하였다. 따라서 PC게임은 이미 돌이킬 수 없는 대세가 되었다. 이러한 인터넷 게임의 확산은 긍정적 측면보다 부정적 측면이 더 많은 것 같다. 긍정적 측면으로는 창조성과 경쟁 본능을 자극하는 장점도 있다는 것이다. 그러므로 지나치지 않도록 중용을 가르치고 중독에 대한 폐해를 주지시켜 건전한 놀이문화로 자리매김해야 한다고 말한다.

부정적 측면으로는 두말할 것도 없이 게임중독이다. 우리나라가 컴퓨터의 보급과 인터넷 온라인 게임의 선진국이지만 반면에 부정적 요소도 있는 게 사실이다. 온라인 게임중독은 심각한 사회문제를 일으키고 있다.

중독은 마약, 술, 담배, 도박, 오락 등 여러 가지가 있다. 그 중에서도 사행성 게임들은 중독성이 더욱 심하다고 한다. 인터넷 게임이 바로 그것이다. 전문가들은 인터넷 게임 중독을 마약 중독처럼 정신질환으로 규정한다. 독일의 시사 주간지 ≪슈피겔≫은 한국 청소년 중 75만 명이 게임에 중독되었고 210만 명이 중독될 위험에 처해 있다고 했다. 이와 같은 숫자는 우리나라 인터넷 이용자의 8.8%에 해당한다. 전라북도 정보문화센터에도 2009년 한 해 동안 2,400여 건의 인터넷 중독 상담이 쏟아졌다고 한다. 인터넷 게임을 하는 청소년의 대부분은 매일 1～2시간은 기본이고 5시간가량 하는 경우도 많다고 한다. 모든 것이 다 그렇듯이 과하면 넘치는 것이다. 여가도 선용하고 놀이도 건전할 때 유익하고 의미가 있다. 인터넷 게임은 여가를 즐기는 놀이문화로 자리매김하였으나 중독성과 사행성 때문에 위험하고 비도덕적이고 비생산적이라는 이미지를 탈피하지 못하고 있다.

인터넷 중독의 폐해는 생각보다 심각하다. 현실세계와 가상세계를 구분하지 못하고 모방하는 범죄가 잦아지고 있다. 인터넷 게임은 주의력 결핍 과다행동 장애(ADHD)를 가져오고 산만하고 쉽게 지루함을 느끼게 하는 역기능도 있다. 사회에서 격리되는 은둔형 외톨이가 된다. 무위도식자, 실직자들을 양산하고 있다. 이처럼 인터넷 게임 중독의 폐해가 심각하지만 대책 마련에는 미온적이다.

게임에 중독된 청소년들을 무작정 나무라고 강제하면 안 된다. 밖으로 드러나지 않은 그들의 속마음을 먼저 파악하여야 한다. 중독으로까지 빠져들게 된 원인, 이를테면 환경이나 동기 같은 것을 정확히 진단하고 분석하여야 한다. 그래서 중독 당사자의 참여 속에 중독 원인 제거에 초점을 맞춰 지도하여야 한다.

중독예방을 위한 사회적 관심과 치유대책도 절실하다. 게임 산업의 발전도 중요하지만, 게임중독 때문에 발생하는 사회적 폐해와 손실 비용이 더욱 우려되는 시점이다. 정부와 관련 업계가 문제를 바로 보고 인터넷 게임의 과몰입 예방을 위한 철저하고도 강력한 대책을 강구해야겠다. 일회성에 그치는 땜질식 처방은 안 된다. 하루빨리 게임 중독으로 사회가 멍들어가고 있는 현상을 벗어나야 한다. 중독현상이 확산되어 호미로 막을 것을 후일에 가래로 막아서는 안 될 것이다.

(2010. 3. 16.)

가진 자가 주어야

오래전부터 소중한 사람들에게서 받은 편지 몇 통을 간직하고 있다. 이것저것 뒤적거리다가 큰딸이 제 엄마에게 보낸 편지를 무심결에 집어들었다. "주는 기쁨이 받는 기쁨보다 크다."고 엄마가 늘 말했다면서 그 말을 새기고 산다는 내용을 발견했다. 갑자기 '맹모삼천지교孟母三遷之敎'란 말이 생각났다. 애들이 자라면서 환경의 지배를 받고 영향을 받는 게 사실이다. 제 부모가 어떤 사고와 태도로 사느냐에 따라서 자식의 인격이나 성격이 부모의 영향을 받아 닮아간다고 한다. 남에게 관심을 두고 돕는 적선積善도 자연스럽게 어릴 때부터 보고 듣고 실천해야 몸에 배게 된다. 남을 돕고 남에게 뭣인가를 베풀었을 때 얼마나 마음이 뿌듯하고 기분이 좋은지 모른다. 설명할 필요도 없이 해 보면 안다.

우리나라는 옛날부터 전통적으로 환난상휼患難相恤의 정신이 있어 어려움에 부닥친 이웃을 돕고 사회적으로 약한 자를 도와왔다. 조선시대의 향약, 두레, 계, 품앗이 등이 모두 상부상조를 목적으로 만들어진 제도들이다. 이들 제도가 시대적 배경에 따라 약간씩 변형된 형태로 다양하게 내용과 뜻이 바뀌어 이어 내려오고 있다.

옛날에는 천재지변으로 동네가 모두 어려움을 당하게 되면 지역 유지들이 곳간을 열어 굶주린 이웃들을 돌보는 일을 마다치 않았다고 한다. 오히려 마땅히 해야 하는 도덕적, 의무적 역할로 여겼다고 한다.

이처럼 이미 오래전부터 이 같은 관습이 우리 문화의 한 부분으로 자리매김되어 있었던 것이다.

그러던 것이 시대의 흐름과 사회적 변화를 거치면서 마을 단위 공동체적인 상부상조로 변질되어 지금은 각급 단체나 기관단위 내지는 국가단위로 연말연시 불우이웃돕기나 재난 구호구조를 위한 모금 활동으로 바뀌게 되었다. 사람 사는 곳이면 어디든 기부 문화가 있겠지만 기부 문화의 대표적인 나라는 미국이다. 유럽의 이주민들이 신대륙을 발견하고 미국으로 건너갈 당시 아메리카 대륙은 무정부 상태였다. 아메리카합중국 건설 이전의 시기인 그 당시 아메리카는 대부분의 교육·의료 같은 공공의 서비스가 없었다. 정부가 없는 상태이므로 체계적인 공공의 서비스가 있을 리 없었다.

그래서 이 부분의 서비스는 민간에 의해 제공되었고, 이의 실행을 위해 민간차원의 재원 마련이 필요했다. 이것이 미국의 기부 문화의 효시라고 한다. 그 영향을 받았는지 카네기, 록펠러, 포드와 같은 자신의 전 재산을 사회에 환원한 훌륭한 기부의 모델이 있다.

사실인지는 모르나 록펠러는 생전에 15불 이상의 팁을 준 일이 없다고 한다. 인색하다고 생각할지 모르지만, 무노동 무임금의 원칙과 지론이 있었다고 한다. 반드시 근로와 땀 · 노력의 대가로 돈을 벌어야 하고 그렇게 값지게 번 돈이기 때문에 사회에 가치 있고 보람 있게 환원한 것이라고 여겨진다.

이와 같은 전통이 맥을 이어 오늘날 빌게이츠, 조지 소로우, 워런 버핏 같은 사람들이 나오는 것인지 모른다. 세계 제일의 거부인 빌 게이츠는 자신의 전 재산을 사회에 환원하겠다고 밝힌 바 있고, 워런 버핏도 360조가 넘는 재산을 내놓겠다고 하는 등 이른바 가진 자들이 재산을 사회에 내놓겠다고 앞장서 공표하고 있음은 얼마나 다행스러운 일인지 모른다.

글의 주제와는 다소 빗나가는 것이지만 차제에 빌 게이츠가 한 말 몇 가지를 생각해보자. 그는 인생이란 원래 불공평하다고 생각하고 있었다고 한다. 그러니 그러한 현실에 대하여 불평하지 말고 받아들이라고 말한다. 또, 세상은 우리가 세상에 대하여 만족하다고 느끼기 전에 무엇인가를 성취해서 보여줄 것을 기다리고 있다고 한다. 햄버거 가게에서 일하는 것을 수치스럽게 생각하지 말라고 했다. 그는 또, 우리 인생을 우리가 망치고 있으면서 부모님 탓을 한다고도 했고, 공부밖에 할 줄 모르는 바보한테 잘 보이라고 하면서 후일에 사회에 나와 그 바보 밑에서 일하게 될지도 모른다고도 했다. 모두 다 부를 창조하기 위한 밑거름이 되는 말들이다.

어떤 부자는 “돈을 위해서 열심히 일한 것은 아니다. 다만 일이 좋아 열심히 한 것뿐이고 그러다 보니 돈이 벌린 것이다. 돈은 내가 열심히 일한 나머지 껍데기다. 그러므로 내 돈은 아무나 써도 좋다.”라고 말했다고 한다. 돈을 모으기 위하여 일한 것이 아니고 일하는 즐거움 때문에 일을 했다는 것이다. 돈은 일한 행복의 찌꺼기라고 했다는 것이다. 돈을 인식하는 사고가 남다르다. 오로지 돈을 벌기 위해 집착한다면 큰돈을 벌 수 없을지도 모른다.

돈이란 열심히 일할 때 자연스럽게 부수적으로 얻어지는 부산물일 수도 있다. 그러나 대부분의 사람은 자기 돈 아홉을 가진 자가 남의 돈 하나를 채워 열을 만들려는 욕심이 있는 게 사실이다. 그만큼 모으려고만 하지 주고 베풀려고 하지 않는 게 돈에 대한 우리의 속성이다. 그래서 가진 자가 베푼 돈 얘기는 가치 있고 빛난다.

우리나라 전통사회에도 기부의 미담이 있다. 조선 시대 경주 갑부였던 최국선崔國璿은 가난한 사람들을 위해 아예 곳간을 열어 놓았던 것으로 유명하다. 특히 그는 백 리 안에 굶는 이가 없게 하겠다는 신념을 실천한 사람으로 알려졌다. 성종 때는 남의 집 종의 신분이었던 임복林福이 극심한 가뭄으로 흉년을 당하여 굶주리는 이웃에게 곡식 2,000섬을 선뜻 내놓았다는 빛나는 기록도 있다.

최근 우리 사회에 양극화 해소의 차원에서 부의 재분배에 대한 목소리가 조심스럽게 나오고 있다. 이와 관련해서 나눔이랄까, 기부랄까 하는 식의 국민적 부조운동의 저변 확대를 위해 정부와 민간 차원의 노력이 있는 듯하다. 우리 민족은 원래 정이 많고 남의 아픔과 이웃의 어려움을 보고만 있는 민족이 아니다.

실제로 국민의 60% 이상이 연 1회 이상 공익적 기부 활동에 참여하고 있다는 통계가 이를 뒷받침한다. 다만, 일부 가진 자[猝富]들의 반사회적, 비윤리적 돈의 씀씀이가 우리 사회에 노블레스 오블리주(Noblesse Oblige, 프랑스어로 귀족의 의무를 뜻함) 정신을 망각시키고 있는 게 거슬리는 대목이다. '노블레스 오블리주'라는 말은 부와 권력·명예는 사회에 대한 책임과 함께해야 한다는 의무를 강조하는 말이다. 즉, 사회 지도층이 국민적 의무를 솔선해야 한다는 말이다.

로마가 세계를 지배할 당시 귀족들은 책무를 다하는 국민의 본보기가 되었다. 그들은 노블레스(명예) 오블리주(의무)가 불문율이었다. 전쟁이 일어나면 전 재산을 명예롭게 사회에 헌납했다. 전장戰場에도 앞장섰다. 명장 한니발이 카르타고와 벌인 16년간의 포에니전쟁에서 13명의 최고 지도자인 집정관(consul 오늘날의 대통령과 비슷한 직위)이 전사한 것만 봐도 사회 지도층의 사회적 책무와 헌신이 얼마나 강했는가를 엿볼 수 있다.

'윗물이 맑아야 아랫물이 맑다.'는 속담이 있다. 나누고 베풂의 정신이 절실한 때일수록 사회 지도층의 솔선수범이 요구된다. 지금 우리 사회는 가진 자와 못 가진 자의 격차가 심화되는 것 같다. 각종 제도를 통하여 자연스런 부의 재분배도 필요하지만 사회 전반적으로 볼 때 가진 자의 아량과 베풂 즉 나눔의 의식 내지는 나눔의 정신이 요구된다고 하겠다. 가진 자와 강자가 베풀고 양보할 때 아름다운 기부 문화가 꽃필 수 있을 것이다. 또한, 그럴 때만이 가진 자, 힘 있는 자, 사회 지도층 인사가 대접받고 존경받게 될 것이다.

(2008. 6. 23.)

개천에서 난 용龍

우리는 흔히 용모가 출중하고 재능이 남다르며 지혜롭기가 예사롭지 않아서 사회적으로 세인의 존경과 부러움을 받는 지위에 있거나 권력을 가진 자를 훌륭한 사람이라고도 하고 뛰어난 사람이라고도 한다. 더욱이 그 사람의 출생과 관련하여 전통적인 집안의 가계家系나 환경, 정서, 여건으로 비추어볼 때 도저히 그렇게 될 수 없는데도 그와 같은 위치에 있는 사람을 가리켜 '개천에서 용 났다.'라고 한다.

원래 이 말은 북한 지방에서 사용된 속담이라고 한다. 개천은 옛날 우리가 어릴 때 물장난하고 놀았던 개골창 물이 흘러가도록 길게 판 내를 일컫는다. 이러한 내에서 서식하는 생물들은 미꾸라지, 송사리, 물뱀, 도마뱀 등 파충류가 대부분이다. 그런데 그런 곳에서 용이 난다는 것은 생각하기 어려운 일이다. 그렇다면 도대체 용은 뭣인가.

분명한 것은 실체가 없는 상상의 동물이라는 것이다. 사람들 가운데 상상으로 인식하고 있는 것은 몸은 거대한 뱀과 비슷하고 비늘과 네 개의 발을 가지며, 뿔은 사슴에, 귀는 소에 가깝다고 생각하고 깊은 못이나 늪, 호수, 바다 등의 물속에서 사는데, 때가 되면 하늘로 올라가 풍운을 일으킨다고 한다. 중국에서는 상서로운 동물로 기린麒麟, 봉황鳳凰, 거북龜과 함께 사령四靈이라 하며 상상의 동물로 천자天子에 견준다. 하늘과 물의 상징으로 번개를 지배하고 하늘에서 비를 내리게 하여 대지를 비옥하게 하고 여인에게 다산을 보장해 주는 것이라고 믿기 때문에 항상 황제와 비유하고 관련되어 있다.

용은 못에서 태어난 생물로 다닐 때는 형체가 없고 하늘에서 노닌다고 하였으며 중국 한漢대에 이르러 <회편세전會編世傳>의 구사삼정지설九似三停之說에 따르면, 뿔이 사슴과 비슷하고 머리가 뱀과 비슷하며 눈은 도깨비와 목덜미는 뱀과, 비늘은 잉어와, 발톱은 매와, 손바닥은 호랑이와, 귀는 소와 비슷하다는 것이다. 여러 종류의 동물들의 특장特長들을 모아서 구성한 상상의 동물이고 모든 생명체의 근본이 된다고 믿었던 것 같다.

용은 또 시대의 흐름에 따라 사람들의 생각과 나라의 전통에 따라 변화하여 여러 가지 유형이 존재하게 되며 음양오행설과 결합하여 황룡黃龍, 청룡靑龍, 적룡赤龍, 백룡白龍과 같은 용이 나타났다. 청룡은 역易의 방위에서 동방을 표상하는 즉, 동방의 맑은 정기를 모방한 것으로 밝은 박력의 끊임없는 형상이라 하겠고, 적룡은 남방 대지의 기氣를 모방하고, 백룡은 약토弱土의 기氣를 모방한 것이다.

이처럼 용은 전통적으로 사람들의 머릿속에 우주 만물 중 만물 생성의 근원으로서 자연스럽게 천자 내지는 황제와 결부되어 있으며, 최고이고 으뜸이고 우두머리로 상징되는 상상 속의 동물이다. 생겨나야 할 곳에서 생겨나는 동물이 제격이고 정상적임에도 엉뚱하게도 별종의 색다른 동물이 생겨났다는 것부터가 이상하고 걸맞지 않다. 그러나 그게 사실이라면 별수가 있겠는가. 뱀이 나고 미꾸라지가 나야 합당할 것이지만 용이 났다면 어쩔 수 없다.

그런데 놀던 방죽이 편하고 좋은 것처럼 안 나와야 할 개천에서 난 용은 어찌하겠는가. 그 용도 출생과 성장의 시작은 개천에 나는 다른 생물들과 다를 바 없었을 것이다. 미꾸라지와 물뱀처럼 변변치 않은 미물微物에 불과해서 대수롭지 않았고 관심의 대상도 못 됐을 것이다. 그래서 용인지도 모르고 구별도 못 했을 것이다.

'개천에서 난 용'으로 비유하는 사람을 생각해 보자. 앞서 말한 것처럼 개천에서는 용이 날 수 없으므로 원래는 용이 아니다. 다만 용이 되기 위한 숱한 고난과 역경, 어려운 과정을 거쳐서 갈고, 다듬고, 노력하다 보니까 용처럼 거듭난 것이라고 봐야 한다. 개천에 서식하는 미꾸라지나 하등의 파충류 등과 같은 생활 방법을 탈피하여 차별화하고 긴장된 자세로 인고忍苦의 세월을 견디면서 처절하고도 피나는 몸부림을 한 결과라고 봐야 할 것이다. 우리는 쉽게 '개천에서 용 난'사람의 결과와 겉모습만을 보고 평가하고 부러워할 게 아니라 용이 된 당사자의 용 되기까지의 삶을 한 번쯤 진지하게 들여다보고, 격려하고, 다독여 주어야 할 것이다.

사실, 용 된 사람의 걸어온 길을 더듬어 보면 처절하고 애절하여 대목마다 눈물겨운 사연들로 꽉 찬 인생 역정임을 알 수 있다. 생각해 보자. 똑같은 사람으로 태어나서 용이 되기 위한 몸부림의 과정이 어떠했겠는가? 그에게도 여느 사람과 똑같은 유·소년 시절이 있었고 청·장년 시절이 있었다. 그렇지만, 보통 사람들이 걷는 유·소년, 청·장년의 걸음걸이를 외면하고 재미없고, 힘들고, 어려운 다른 쪽의 가기 싫고 걷고 싶지 않은 길을 스스로 택하여 걸었을 것이다. 한恨

많고 피눈물 나는 때가 한두 번이 아니었고, 죽음과 같은 외로움과 쓸쓸함이 엄습해 올 때가 헤아릴 수 없이 많았을 것이다.

때로는 누구에게나 매달려 사정하고 기대고도 싶었을 것이고, 때로는 맨땅 바닥에 펑퍼짐하게 주저앉아 한없이 목놓아 울어보고도 싶었을 것이다. 또한, 어디에서든 오라는 데가 없고, 의지할 곳도 없고 말조차 할 사람이 없어, 죽고 싶을 때도 있었을 것이다. 남이 하는 것 다 하고 남이 좋아하는 것 똑같이 즐기고, 남들이 보는 것 다 보고, 남들 방법대로 살았다면 그냥 보통 사람이지 용으로 거듭난 사람은 아닐 것이다.

개천에서 나올 수 없는 용이 난 것이 아니라 보통의 물뱀으로 생겨나서 자라면서 용이 된 것으로 생각하고 싶다. 말 그대로 용틀임을 통해서 비로소 용으로 만들어진 것으로 생각하고 싶다. 그렇다면 용은 난 것이 아니고 만들어진 것이다.

수많은 난관을 끝까지 극복하지 못하면 용이 되지 못하고 이무기(전설상의 동물로 뿔이 없는 용, 어떤 저주로 용이 되지 못하고 물속에 산다는 여러 해 묵은 큰 구렁이를 이른다.)밖에 될 수 없다.

용이 될 때까지의 생애도 버겁고 힘들었지만, 앞으로 걸어가야 할 남아있는 용의 앞날도 버겁고 힘들 것이 뻔하다. 왜냐하면, 용 그 자체가 최고이고 으뜸이기 때문에 최고답게, 으뜸답게, 용답게 살아야 하는 용으로의 일생이기 때문이다. 그러므로 이제는 개천에서 나서 용이 된 사람을 더는 힘들고 어렵게 하지 말고 인간적으로 애정을 갖고 격려하고 보듬고 다독여 줘야 한다. 용 된 모습, 결과를 보고 특별하게만 보지 말고 용의 속마음을 위로하고 그동안의 무거운 짐 진 것들을 조금은 내려놓으라고 권하고 도와줘야 한다. 그리고 개천에서 용 난 사람 되기를 기대하지 말고 개천에서 만들어진 용처럼 살려고 함께 다짐하고 노력해야 한다. 그래서 우리 모두가 다 용이 되자. 어쩌다 하나씩 나오는 개천의 용은 너무 힘들고 외로우니까. 가정과 직장과 사회를 대표하는 툭 불거진 용은 이제 그만 나오게 하자. 다 용이 되는 가정, 직장, 사회를 만들어 그 조직의 대표 용을 서로 사양하는 용들의 천국을 만들었으면 좋겠다.

(2009. 7. 22.)

건배소고乾杯小考

해마다 연말이면 송년회다 회식이다. 해서 각종 모임 자리가 많아진다. 사람마다 연초에 계획했던 일이 잘됐든 못 됐든 연말을 맞는다.

아내의 59번째 생일이어서 형제들의 가족과 우리 가족이 함께 저녁 식사를 하려고 비교적 깨끗하고 큼직한 대중음식점으로 갔다. 신축 건물에 2층까지 있는 규모가 큰 식당이었다. 아내와 나는 예약 시각 전에 미리 도착해서 방에 앉아 있었다. 연말이라서 손님들로 북적이는 모습이 마치 장 속 같았다. 식당 종업원들은 손님을 맞느라 진땀을 빼고 있었다. 여기저기서 종업원을 부르는 소리, 대답하고 달려가는 모습, 방마다 연설하듯 큰 소리로 왁자지껄 떠들어대는 소리가 장난이 아니었다. 파안대소·박장대소로 식당 안이 시끌벅적했다. 그러다 보니 반쯤 넋이 나가게 생겼고 밥이 콧구멍으로 들어가야 할 판이었다. 남을 의식하지 않고 거리낌 없이 떠들어대는 우리의 모습이 정말 부끄러웠다.

우리나라 사람들이 다른 나라 사람들보다 더 유별난 것 같다. 나라의 위상도 이만큼 되고 국민의 교육 수준도 이만큼 되었으면 이제는 달라져야 할 게 아닌가. 우리도 이제는 더는 무식을 드러내지 않을 때도 되지 않았을까 싶다.

아직 도착하지 않은 가족들을 기다리고 앉아 있노라니 여기저기서 연출되는 진풍경들이 정말 가관이었다. 처음엔 정말로 깜짝 놀랐다. 떼를 지어 큰 소리로 무슨 구호를 외치는데 마치 시위나 쟁의爭議를 하는 것처럼 들렸다. 우렁차고(?) 힘찬(?) 소리가 온 식당 안으로 퍼졌다. 이른바 건배하는 소리였다. 그것도 한두 번이 아니었다. 그 방에 모인 참석자들이 돌아가면서 건배를 하는 건지 연신 구호 소리가 들렸다. 그뿐만이 아니었다. 다른 방에서도 행여 기라도 죽을까 봐 더 목청을 높여 구호를 외쳐대고 있었다. 그러다 보니 식당 안이 온통 건배 천국이 되었고 그야말로 도떼기시장이 되었다. 그러지 않아도 많은 사람들로 혼잡한데 서로가 질세라 모임마다 외장을 쳐대니 식당 분위기가 어쩌겠는가. 밥 먹는 것이 전쟁이고 식당은 전쟁터를 방불케 했다.

사람마다 건배 때문에 당황한 적도 있고 스트레스를 받은 경험이 한두 번쯤은 있을 것이다. 살면서 이런저런 인연으로 모임을 하게 되고 자연스레 회식의 기회도 있게 된다. 그런 자리에선 으레 건배를 하게 된다. 마시는 것이 술이건 음료건 간에 잔에 따라 마실 때 의미 부여와 분위기 조성을 위하여 간단한 멘트(ment)와 제스처(gesture)를 하는 행위가 건배다. 이러한 건배는 대부분의 나라와 민족이 보편화되었고 건배 없는 연회나 회식은 생각할 수 없을 정도가 되었다. 가정이나 직장에서도 건배하는 게 자연스러운 일이 된 지 오래다. 건배乾杯

라는 말은 잔杯을 비운다乾는 뜻이다. 원래 중국의 풍습에서 유래된 말이라고 한다. 당나라 때는 식사가 끝난 뒤 자기 순서가 돌아오면 잔을 높이 들어 보이며 비워 마셨고, 송나라 때는 요리가 나올 때마다 술을 조그만 잔에 따라 마셨다고 한다. 건배도 나라와 시대에 따라 다르다. 우리나라를 비롯한 동양에서는 술을 마실 때 잔에 담긴 술을 비우는 것이 예절인 것 같다. 중국 홍콩에서는 건배할 때 단번에 잔을 비워 마시고 잔을 거꾸로 해서 식탁 위에 놓는다고 한다. 그러나 서양 사람들은 음미하듯 조금씩 나누어 마시는 것이 일반적이다.

건배 역사를 보면, 기원전 3세기경 고대 로마 시대 그리스에서 시작되었다고 한다. 당시 그리스에서는 정적이나 경쟁자를 제거하는 수단으로 술에 독毒을 넣어 마시게 하는 행위가 만연했는데 그 때문에 술병에서 맨 처음 따른 첫 잔을 주인이 먼저 마셔서 손님들 앞에서 술의 안전함을 증명해 보인 다음 손님이 술을 마시게 했다고 한다. 따라서 당신에게 권하고 있는 이 술에는 독이 들어 있지 않으니 안심하고 드시라는 의미의 몸짓이었다. 그런 행위는 믿음을 갖게 하고 우정과 친목을 다지는 계기가 된 것이다. 그 뒤 점점 발전하여 의미를 부여한 멘트와 함께 오늘날의 건배로 되었다.

건배 제의의 기원 역시 몇 가지가 전해지고 있다. 그 중 하나는 옛날 그리스나 로마 시대에는 식사 도중에 '신을 위해', 공식 연회석상에서는 '동석자와 죽은 사람을 위하여' 건배하는 습관이 있었다고 한다. 또, 덴마크가 영국을 점령했을 때, 정복된 영국 섬사람들은 덴마크 군인들의 허락 없이는 술을 마실 수 없었다고 한다. 그래서 덴마크 사람들이 먼저 술잔을 들고 '건강을 위하여'라고 건배 제의를 할 때까지 술을 마시지 않고 기다렸다고 한다. 또 다른 한 가지는 영국 사람들의 풍습에서 연유되었다고 한다. 건배를 영어로 토스트(toast)라고 하는데 엘리자베스 시대에 영국에서는 술잔에 토스트 빵을 넣어 마시는 풍습이 있었는데 흥이 나서 '토스트'하고 외치면 잔 속에 가라앉은 토스트가 미끄러져 잔 밖으로 따라 내려오도록 잔을 기울여 술을 마셨다고 한다. 건배와 건배 제의의 기원이 어쨌든지 오늘날 행해지고 있는 건배의 행태가 과연 이대로 좋은 것인가를 심각하게 생각해볼 때가 되었다고 본다.

건배와 건배 제의의 문화(문화라고까지 말할 수 있을지 모르지만)는 나라마다 조금씩 다른 게 사실이다. 긍정적 측면에서 건배는 필요한 의식이라고 생각한다. 조촐하고 간단한 행사나 연회도 기쁘게 만들 수 있는 게 건배다. 특히, 비즈니스상 주최하는 연회나 만찬에서 위트와 유머가 있는 적절한 멘트로 건배 제의를 하면 참석자의 기분을 더 좋게 하고 장내 분위기를 고조시켜 멋있고 수준 높은 행사로 만들 수 있다. 따라서 건배가 성공 비즈니스의 한 수단이고 방법이며 필수적인 절차일 수 있다.

그렇다면 건배를 어떻게 하는 것이 옳은가? 서양 사람들을 비롯해서 외국 사람들과 함께한 자리에서는 우리 식으로 잔을 단숨에 비우는 일은 하지 말아야 한다. 분위기상 잔을 비울 것을 권하고 싶을 때는 정중히 예의를 갖추어야 한다. 또한, 우리나라 사람들끼리라고 해도 개개인의 성향이 다르고 술을 마시지 않는 사람도 있고 주량도 정도의 차이가 있으므로 막무가내로 잔을 비우라고 하는 것은 큰 결례라 생각된다. 우리의 음주 관습이 잔을 주고받으며 술을 권하는 것이어서 상대에게 억지로 잔을 비울 것을 강요하는 경우가 많다.

그러나 이제는 우리의 음주 문화도 달라져야 한다. 좋은 사람들끼리 친목을 다지려고 갖는 연회나 회식이 언짢은 분위기가 되어서야 되겠는가. 반면에 술을 마시지 않는다는 이유로 건배에 참여하지 않는 것도 예의에 어긋난다. 건배를 반드시 와인 종류로만 하라는 법은 없다. 그러므로 모임에 참석한 이상 음료수 아니면 물이라도 잔에 채워 동참하는 모습을 보여주어야 한다. 만약 그러지 않는다면 최소한의 예의를 져버리는 꼴이 되고 분위기를 어색하게 만들게 된다. 또한, 건배할 잔을 들 때는 자신의 눈높이 정도까지만 들어 올리고 이리저리 옮겨 다니지 말고 자신이 있는 그 자리에서 참여자들과 눈을 맞추고 가벼운 목례나 눈길을 보내는 것이 좋다.

다음으로 건배 제의는 어떻게 하는 것이 옳은가? 우리는 가끔 건배 제의를 요청받는 경우가 있다. 그때마다 무슨 말로 건배를 제의할 것인지 몹시 당황했던 때가 더러 있다. 직장 생활을 오래했거나 사회적으로 지위가 있는 분들도 그런 경우 뜻밖에 당혹스러워하고 어색해하는 모습을 자주 보았다. 아마도 그 이유는 어떻게 하는 것이 건배 제의를 잘하는 것인지가 정형화되어 있지 않고 원칙이 없기 때문인 듯하다. 그러나 분명한 것은 모임의 성격, 취지 또는 참석자와 관련된 희망과 발전, 행운을 주는 내용의 멘트를 하면 될 것이다. 건배 제의는 원칙적으로 일어서서 해야 한다. 왜냐하면, 참석자들로 하여금 주목하게 하고, 멘트에 귀를 기울이게 하고 좌중의 상황이나 반응을 살필 수 있으며 참석자에 대한 예의이기도 하기 때문이다.

연말뿐 아니라 일상생활 속에서도 우리는 많은 모임을 가진다. 그때마다 건배가 식생활 습관만큼이나 빠지지 않는다. 얼마나 만연되었으면 난 지 2년 갓 넘은 우리 손녀도 물 마실 때마다 건배하자고 한다. 나의 일상이 곧 다른 사람의 일상이나 마찬가지다. 나의 일상 때문에 다른 사람의 일상이 침해당해서는 안 된다. 건배 때문에 받는 스트레스를 생각해 보았는가. 자신들만의 공간이 아닌 대중음식점에서 있는 힘을 다하여 목청껏 큰 소리로 떠들어대는 것이 과연 옳은 일인가. 시위대가 외치는 구호 소리 같은 건배 제의는 즐거운 회식 자리에서 하는 건배일 수 없을 것 같다.

(2009. 12. 01.)

병들어가는 사회 이대로는 안 된다

불과 수십 년 전만 해도 오늘날과 같은 세상은 상상할 수도 없었다. 인류는 물질문명이 발달하고 과학이 첨단화됨에 따라 풍요롭고 편리하고 유익한 삶을 영위하게 되었다. 반면에 인간의 정신문명은 피폐하고 멍들어 가는 것 같아 안타깝다.

2010년 12월 5일 새벽 6시 30분경 서울 서초구 잠원동에 사는 박 모(23세)씨가 같은 동네 김 모(26세)씨를 식칼로 찔러 숨지게 한 사건이 발생했다. 경찰이 발표한 바로는 박씨는 사건 당일 집에서 칼로 격투하는 게임을 하다가 사람을 죽이고 싶다는 생각이 들어 부엌에서 식칼을 들고 길을 나섰으며 "제일 처음 본 사람을 죽이겠다."라고 마음먹고 가장 먼저 눈에 띈 김씨에게 범행을 저질렀다고 한다. 박씨는 현장 검증에서 "죽이고 난 뒤 오히려 마음이 더 편안해졌다.", "피해자가 도망가지 않았다면 몇 번이고 더 찔렀을 것", "어차피 내가 다 저지른 범죄인데 현장 검증 과정이 왜 필요한지 모르겠다."라고 말한 것으로 전해졌다. 경악을 금할 수 없다. 박씨는 미국으로 유학을 떠났으나 잘 적응하지 못해 귀국했고 귀국 후에는 집에만 틀어박혀서 하루에 5~6시간씩 인터넷 게임에 빠져 지냈다.

지난해 12월 18일 오후 2시경에는 충남 천안시 쌍용동에 사는 김 모(27세)씨가 자신의 집에서 두 살배기 아들이 방바닥에 오줌을 싸자 주먹으로 수차례 폭행하다가 급기야 목을 졸라 숨지게 했다. 김씨 역시 2007년부터 온라인 게임에 빠져들었고 게임은 하루에 10시간 이상 이어졌다.

이외에도 부부가 함께 PC방에서 온라인 게임을 하느라 생후 3개월짜리 딸을 혼자 집 안에 놓아둔 채 굶겨 죽게 한 일이 있었다. 그러면서도 이들은 온라인 게임 속에서 가상의 아이를 보육하고 있었다고 한다. 또 한 20대 청년은 게임을 그만하라고 말리는 어머니를 살해한 사건도 있었다. 그뿐만이 아니다. 요즈음은 무차별 막가파식 살인이 너무나 자주 일어난다. 사소한 말다툼 끝에 살해하고, 사귀는 여자를 반대한다고 또는 용돈 안 준다고 조부모와 부모를 살해하고, 어린이와 부녀자를 성폭행 후 살해하고, 쳐다봤다고 살해하고, 잘사는 게 역겹고 행복하게 보여서 살해하고, 그냥 짜증나고 기분 나쁘고 화가 나서 살해하는 등 무작정 불특정 다수를 향하여 무차별적인 살인이 끊이지 않고 있다.

언론을 통하여 이런 뉴스들을 접하면서 정말 그랬을까? 하는 생각이 들었다. 도대체 이들이 과연 사람일까? 그야말로 인면수심人面獸心이고 인면수행人面獸行이다. 아니 어쩌면 짐승만도 못하다. 동물도 자기 새끼를 보호하고 양육하는 데엔 목숨을 건다. 가시고기는 자기의 몸을 바쳐 스스로 새끼의 먹이가 된다. 세상이 어떻게 되려고 이러는 것일까? 인륜과 천륜이 다 무너져내렸다. 그렇다면 우리가 옛날보다 살기가 어려워서 그럴까? 옛날 못 먹고 못살던 시절에는 오늘날과 같은 끔찍한 일들이 있지도 않았고 듣지도 못했다. 효를 최고의 덕목으로 알고 인륜과 천륜을 중시하고 명예롭게 여겼다. 사회가 병들어 썩어가고 있는 것을 더는 좌시해서는 안 된다. 남의 일이고 이웃의 일이 아니다. 나의 일이고 우리의 일이다. 나중에 하고 천천히 해야 할 일이 아니다. 지금 당장 해야 하고 시급히 해야 할 일이다. 정부는 물론이고 가정과 사회 모두가 비장한 각오로 나서야 한다.

올해는 토끼의 해다. 토끼는 새끼를 낳을 무렵이면 새끼의 보온을 위하여 목덜미가 벌게지도록 아픔을 견디며 자기 털을 뽑아서 둥지를 만든다. 토끼는 또한 다산多産, 다정多情, 사랑, 지혜의 상징이다. 토끼의 해를 맞아 올해를 기점으로 효와 사랑을 기본으로 하는 사회 기풍이 조성되어 우리 사회가 인륜과 인성이 회복되기를 간절히 소망한다.

(2011. 1. 13.)

절실한 인성교육

어느 원불교 성직자 한 분을 알고 지낸 지가 10년이 넘는다. 그분은 나이도 나보다 위이고 외모도 근엄하다. 하시는 말씀은 논리가 정연하고 어조가 과묵하면서도 다정다감하다. 한마디로 고매한 인격의 소유자다. 현재 그는 5개 중고교를 관리하는 학교법인의 이사장이다.

오랜만에 그분과 점심식사를 하려고 자리를 같이했다. 식사하는 동안 우연히 효에 관한 애기가 나왔다. 옛날 우리가 어릴 적만 해도 효의 기준과 실제가 참으로 엄했는데 요즈음은 엉망이 되었다고 개탄했다. 자연스레 요즈음의 부모와 아이들의 애기가 나오고 학교 교육과 청소년의 실태도 사례를 들어가며 얘기하게 되었다.

우리나라의 교육제도는 오랫 동안 많은 시행착오를 겪으면서 변화를 거듭해왔다. 그러나 근본적으로 입시 위주의 틀을 벗어난 제도의 개선은 없었다. 교육제도가 입시라는 고정된 틀을 벗어나지 못하는 데에는 우리 사회가 안고 있는 정서나 배경과 무관하지 않다. 사회 전반에 확산되어 있는 학벌 위주와 시험제도가 원인이라 할 수 있다. 명문 학교를 나와야 알아주고 행세할 수 있으며 좋은 직업의 선택도 오로지 시험을 통해서만 가능한 시스템하에서는 입시 위주의 교육이 당연할 수밖에 없다. 청소년들이 유치원에서부터 초·중·고·대학을 졸업하고 안정된 직업을 선택할 때까지 시험이란 굴레에서 벗어날 수가 없다. 그러다 보니 정서적으로 늘 불안하고 안정되지 못하여 심한 스트레스에 시달리며 살고 있다. 유아 때부터 대학을 졸업할 때까지가 인생에서 얼마나 중요한 시기인가. 정말로 황금 같은 시기인데 우리의 청소년들이 절대 짧지 않은 그 기간을 시험 지옥에서 살고 있다.

사람에게 청소년기는 성장 과정이자 인격 형성기다. 이 기간에 잘 먹고 잘 자라야 함은 물론 올바른 인성도 이 시기에 다 형성된다고 봐야 한다. 그런데 우리의 교육 현실을 보면 인성교육과는 거리가 먼 것 같다. 근본적으로 교육이 목표하고 지향하는 것은 사회제도와 정서에 관련이 있다. 그 사회의 정서나 시스템이 어떠한가에 따라 교육의 방향이 결정되는 것이다. 지나친 왜곡일는지 모르나 작금의 우리 사회는 삶의 목표가 마치 출세와 치부致富인 것 같은 느낌마저 든다. 물론 수많은 사람이 모여 살다 보면 생존을 위한 경쟁은 불가피한 것이지만 더불어 살아야 하는 공동체의 삶 또한 매우 중요한 일이다. 따라서 사회제도의 개선과 함께 아름다운 정서의 확산이 시급한 시점이다.

교육이란 각급 교육기관만의 전담 사항이 아니다. 가정과 학교는 물론 사회가 공조하여야 한다. 인성교육 측면에서 보면 가정에서의 교육이 먼저일 수 있다. 가정교육보다 중요한 교육은 없다. 태교나 유아교육의 중요성을 강조하는 이유가 여기에 있다. 세 살 버릇이 여든까지 간다고 하지 않던가. 인성의 원초적 형성이 모태나 유아 때 이루어지기 때문이다.

오늘날 우리 사회가 인성교육의 소홀 때문에 겪고 있는 폐해는 너무나 심각하다. 일부 청소년들의 상상을 뛰어넘는 각종 범죄와 일탈행위는 인성교육의 부재를 떠나 '인성마비' 상태다.

열흘 전에는 서울 강서구 방화동의 한 빌라에서 불이 나 76명의 주민이 대피하는 소동이 벌어졌다. 제때에 진화작업이 이루어져서 빌라 전체로 불이 번지지는 않았지만, 하마터면 빌라가 다 타버릴 뻔한 방화였다. 범인은 18세 된 두 명의 동창생들이었다. 이들은 불이 나면 어떻게 타는지 보려고 불을 질렀다고 했다. 같은 날 부산에서는 한 중학생이 13층 아파트에서 벽돌을 떨어뜨려 때마침 아파트 아래 화단에 있던 여중생이 맞아 중태라고 한다. 또 얼마 전에는 김포공항에 폭발물을 설치했다는 거짓 전화를 해서 공항 당국자는 물론 여행객들을 공포에 떨게 했고, 119로 전화해서 발생하지도 않은 화재를 허위로 신고하여 소방차와 소방대원들을 출동케 하는 일도 있었다. 그뿐만이 아니라 유흥비와 용돈 마련을 위하여 강 · 절도 행각을 하고 살인까지도 서슴없이 한다. 자기보다 동생을 더 편애했다고 하여 아버지를 살해하는 사건도 있었다.

올해 2월 졸업 시즌에는 중고교생들의 졸업식 알몸 뒤풀이가 얼마나 사회적으로 한동안 물의를 일으켰는가. 최근에는 20대 청년들이 입대를 앞둔 친구의 '생일 빵'을 한다며 친구의 성기를 노출하고 항문에 이물질을 삽입해 사진을 찍은 뒤 자신의 홈페이지에 올렸다. 이 외에도 청소년의 일탈행위 사례는 여러 분야에 걸쳐 다양하게 일어나고 있다. 참으로 어처구니없고 한심하기 짝이 없다.

장난삼아 또는 호기심에서 무심코 하는 행동이 많은 사람의 생명을 잃게 하거나 다치게 하는 대참사로 이어질 수 있다. 피해자에게 평생 지울 수 없는 고통과 정신적 상처를 남길 수도 있다.

청소년기 특히 사춘기에는 '이유 없는 반항'을 하는 시기다. 까다롭고 변덕스러우며 다분히 충동적인 질풍노도의 시기다. 인생에서 가장 민감하고 단순한 사고思考를 하는 시기다. 청소년들은 감각이 발달되어 있는 반면에 도덕적 성찰 능력은 뒤떨어진다고 한다. 이러한 시기에 무엇보다도 중요한 것이 인성교육임에도 성적과 입시 위주의 교육으로 일관하고 있으니 잘못된 결과만을 탓할 수는 없다.

유아 때부터 윤리와 도덕을 가르쳐야 하고 정서교육과 인성교육을 실시하여야 한다. 더불어 사는 공동체의 삶이 몸에 배게 하고 시민으로서의 책임 있는 생활을 할 수 있도록 가르치고 본을 보여야 한다.

나는 오늘 실로 오랜만에 기쁨이 넘치는 희망의 메시지를 들었다. K 이사장으로부터 인성교육을 최우선으로 하는 교육 프로그램을 개발하여 시행하겠다는 결의에 찬 말을 들었기 때문이다. 우수 프로그램을 개발한 선생님에게는 500만 원의 상금을 주겠다고 현상금까지 걸었다고 한다.

맛없고 멋없는 입시 위주의 척박한 교육현장에 인성교육의 씨앗이 뿌려질 수 있게 된 것이다. 이번 일이 도화선이 되어 모든 교육현장으로 확산되기를 바라는 마음 간절하다. 또한, 가정과 학교, 사회가 합심하여 K 이사장의 인성교육 씨앗이 잘 자랄 수 있도록 거름 주고 가꾸어야 한다. 오늘날 인성교육이 절실한 우리 교육의 현실을 직시한 진정한 사학재단의 수장다운 발상이 아닐 수 없다. 모처럼 만에 사람 냄새 나는 훈훈한 인성교육을 기대할 수 있는 반가운 일이다.

평생을 가족도 없이 혼자 살면서도 청소년의 미래를 걱정하고 나라의 장래를 염려하는 K 이사장, 그분이 오늘따라 얼마나 멋있고 존경스러웠는지 보통 사람의 경지를 벗어난 듯 아름답게 돋보였다.

(2010. 4. 27.)

버는 것은 기술, 쓰는 것은 예술

2009년 7월 27일 대전광역시 유성구 구성동에 있는 한국과학기술원(KAIST) 소속 발전재단에 e-메일이 전해졌다. 경기도 용인시 원삼면 서전농원 김병호金炳鎬(68세) 회장의 부인 김삼열 씨가 보낸 메일이었다. 내용은 남편이 평생 모은 재산을 KAIST에 기부하고 싶다는 것이었다. 2004년부터 뇌졸중을 앓고 있는 남편을 대신해서 e-메일을 보냈다고 한다.

김병호 씨는 용인시에 있는 서전농원과 전 · 답 · 임야 등 26필지 9만 4,563㎡의 부동산, 시가 300억 원 상당을 KAIST 발전기금으로 기부키로 하고 김씨 부부와 아들 세윤(36세) 씨 부부가 8월 12일 KAIST를 방문해 발전기금 약정식을 했다. 이날 약정식에서 김 회장은 "평소 돈을 벌면 좋은 일을 하는 데 쓰기로 가족끼리 약속했다."면서 "가난 때문에 못 이룬 내 학업에의 꿈을 KAIST가 이뤄 주길 바란다."고 했다. 그는 또 "KAIST가 세계 최고의 과학 기술 인재를 양성해서 국민 모두가 잘살 수 있는 나라를 만드는 데에 내가 기부한 재산이 보탬이 되길 바란다."고 했다.

평생을 피땀 흘려 근검절약으로 모은 재산을 아무 연고도 없는 KAIST에 기부하게 된 동기에 대하여 "신문과 방송을 통해서 학교 개혁에 앞장서고, 자신의 강의료와 상금까지도 학교에 기증하는 서남표 총장의 모습을 보고 '이분에겐 믿고 맡길 수 있겠다.'는 생각이 들었다."고 말했다. KAIST로서는 작년 8월 한의학계 원로 류근철 박사가 578억 원 상당의 부동산을 기부한 데 이어 두 번째로 큰 금액을 기부받은 것이다. 김 회장은 '부지런함은 무엇과도 바꿀 수 없는 보배다.'를 좌우명으로 삼고 있다면서 "돈을 버는 것은 기술이요, 쓰는 것은 예술이다."라는 말을 좋아한다고 했다. 돈에 대한 철학을 가지고 있는 듯하다. 부인 김삼열 씨는 "남편은 5년 전 중풍으로 쓰러져 다소 불편한 몸이지만 여전히 근검절약이 몸에 밴 분이다."라며 이쑤시개 하나를 여덟 조각으로 쪼개서 쓰고, 휴지 한 장도 아껴 쓰는 사람이라고 했다. 거액을 기부하기까지는 부인과 아들 등 가족의 동의가 있었다고 했다. 처음 기부 의사를 밝혔을 때 가족이 흔쾌히 받아들였다는 것이다. 김 회장은 외아들인 세윤 씨가 초등학교에 다닐 때부터 "교육은 시켜 주겠지만 재산을 물려받을 기대는 하지 마라."고 귀가 따갑도록 말해 왔다고 한다. 그래서인지 김세윤 씨도 "아버지께서 평소 재산을 사회에 환원하겠다고 말씀하셨고 당신이 평생 노력해 얻은 재산인 만큼 뜻대로 쓰시는 게 당연하죠. 뜻깊은 기부가 되길 바랍니다."고 했다. 김 회장은 지난 2005년에도 고향인 부안군에 장학금 10억 원으로 '나누미 근농根農 장학재단'을 설립하여 자신이 대표를 맡고 있고, 아들 세윤 씨도 5년 전부터 유니세프(유엔아동기금)에 매달 아동 10여 명의 후원금을 내고 있다고 한다. 또 김 회장 부부와 아들 세윤 씨는 1993

년도에 세윤 씨가 서울대 시각디자인과에 입학할 당시 시신屍身이 부족해 의대생들이 연구하는 데 어려움이 많다는 얘기를 듣고 서울대 의대에 사후 자신들의 시신 기증을 약속했다고 한다.

김병호 회장은 1941년에 전라북도 부안군 보안면 상림리에서 빈농貧農의 7남매 중 장남으로 태어났다. 초등학교를 졸업하고 농사일을 돕다가 17세 때 당시 돈 760환(지금의 76원)을 들고 무작정 상경했다. 상경해서 식당 종업원, 가게 점원 등 안 해본 일이 없을 정도로 지독하게 일하고 무섭게 절약했다고 한다. 무더운 여름날 1원을 아끼려고 남들 다 사 먹는 사카린 물조차 사 먹지 않았다고 당시를 회고했다. 상경해서 1년 동안 모은 돈 2,000환으로 자동차 부품 가게를 차리고 쉬는 날 없이 하루 12시간 이상 일했다고 한다. 이때부터 번 돈 대부분을 부동산에 투자했고 1974년에는 지금의 부인과 결혼도 했다. 1988년에 경기도 용인에 있는 지금의 서전농원을 사서 농장을 운영해 왔다. 나이 들면 농장이나 운영하면서 여생을 보내고 싶었다고 한다. 2004년도에 뇌졸중을 앓기 시작하면서 '살아 있을 때 재산의 사회 환원을 완성해야 한다.'며 기부를 서둘렀다고 한다. 김 회장은 현재 자기 소유의 아파트와 전세금이 있어서 여생을 보내는 데는 부족함이 없다며 부인과 자식에게 남은 재산도 나중에 기부하도록 당부해 두었다고 한다.

정말로 완전한 사회 환원이고 기부가 아닐 수 없다. 어쩌면 그럴 수 있을까? 모진 세파 속에서 어렵고 힘든 수많은 날 용케도 버티고 견디며 살아온 저력이 그런 용기를 갖게 했을까? 기부에 서툰 나로서는 쉽게 이해가 되지 않는다. 그냥 김 회장이 훌륭하고 큰 사람으로만 보일 뿐이다. 이런 추앙심推仰心이라도 있는 것을 보면, 그래도 내 마음 어느 한편에 작고 소박한 뜻은 있는가 보다. 모양과 크기는 달라도, 형식과 절차는 없더라도 서성이지 말고 점찍는 기부라도 실천하고 연습해 볼 일이다. 사실 우리 사회에 이따금 이와 같은 기부의 사례가 있지만, 이번 김 회장의 경우에 유달리 관심이 끌리고 호감이 가는 것은 나와 부안扶安이라는 고향을 같이한 이유 말고도 같은 시대에 성장한 처지와 형편이 비슷하기 때문이리라.

수백만 원, 수백억 원에 이르기까지 기부 금액은 다르지만, 어렵사리 모은 재산을 아낌없이 내놓는 기부자들은 하나같이 기부의 목적과 뜻이 사회 환원이고 어려운 이웃의 구제에 있다. 그것은 아마도 기부자들의 과거의 처지와 형편이 너무도 싫고 안타까운 나머지 기부를 통해서나마 그들의 마음을 스스로 위로받으려는 것인지도 모른다. 그들의 기부 속에는 배우지 못하고 누리지 못한 한恨이 서려 있는 아픔어린 기부가 대부분이다. 그런데 이들에 대한 사회의 관심과 예우는 언론에 보도되는 그때뿐이고 시간이 지나면 관심에서 멀어지고 잊힌다.

기부문화가 확산되기 위해서는 기부자가 '기부에 대한 감동과 보람'을 느낄 수 있어야 한다. 이 일은 정부나 각급 자치단체에서 우선적으로 앞장서야 한다. 다음으로는 기부를 받은 수혜 기관이나 단체, 개인이 그때만 반짝 흥분하고 감동하지 말고 기부자의 뜻과 덕을 기리는 일에 진정으로 정성어린 모습을 보이고 실천해야 한다. 2002년 8월 KBS의 '사랑의 리퀘스트'를 통해 현금 200억 원과 부동산 70억 원 등 총 270억 원을 기부한 고故 강태원 씨는 기부 후에 예상치 못한 고통을 겪었다고 한다. 기부 사실이 알려진 뒤부터 '우리도 도와달라.' 는 부탁에 시달렸다고 한다. 수십 명의 사람이 몰려와 집 앞에서 진을 치는 바람에 집에 들어가지 못한 적이 많았으며, 이로 인하여 한동안 도피 생활까지 했다고 한다. 그래서 상당수 기부자는 기부 사실을 밝히지 않는 예도 있다고 한다. 기부 뒤 그들이 겪는 어려움을 비롯하여 그들의 삶에 관한 관심과 살핌이 있어야 한다. 솔직히 말해서 지금까지 국가나 사회가 거의 무관심으로 일관했던 게 숨길 수 없는 사실이다.

늦었다고 할 때가 빠른 것이다. '김밥 할머니'로 널리 알려진 고故 이복순 할머니도 1990년 11월에 충남대학교에 50억 원 상당의 땅을 기증했었다. 충남대는 할머니의 법명을 따서 '정심화 장학재단'을 설립하고 '정심화 국제 문화센터'를 건립하게 되었는데 나중에 그 건물 이름에서 '정심화'란 글자를 떼어내려 했었다. 당시 학교 측은 국가 예산이 200억 원 정도 들어갔으니 할머니의 이름은 건물 내 대강당의 이름으로만 남기겠다고 했다는 것이다. 다행히 기부의 취지를 퇴색시켜서는 안 된다는 지역사회와 학생들의 강한 반발로 백지화되었다지만 기부자를 이런 식으로 대접하면 누가 기부하겠는가. 기부자에 대한 예우는 고사하고 그들의 참뜻까지 훼손하는 처사가 아닌가.

기부자들의 삶 속에는 한결같이 피와 땀이 서려 있고 서늘하리만큼 궁핍과 애환이 담겨 있다. 애절한 사연으로 가득 차 있다. 그들은 과거의 그러한 삶을 기부를 통하여 대리만족 같은 보상을 받으려는지도 모른다. 그들이 살아온 면면을 보면 차라리 인간적으로 안쓰럽다는 생각이 든다. 이번 김병호 회장도 마찬가지다. KAIST는 김 회장의 숭고한 뜻을 영원히 기리기 위하여 신축할 IT(정보기술) 융합센터 건물에 그의 이름을 넣어 가칭 '김병호 IT 융합센터'로 하기로 했다고 한다. 부디 앞선 충남대의 경우처럼 초심初心을 잃지 않기를 바란다. 기부자가 요구한 것도 아니고 스스로 하겠다고 한 약속마저 명분논리에 의하여 저버린다면 기부자를 조롱하고 모독하는 일이나 다름없다. 기부자에게 기부의 감동은커녕 실망과 후회를 하게 해서는 안 된다. 훌륭한 발자취를 남긴 김병호 회장. 남은 그의 인생 여정에 건강과 행복을 기원하며 큰 박수를 보내고 싶다.

(2009. 9. 6.)

인류의 재앙

사람이 가장 두려워하는 것은 역시 죽음이 아닌가 싶다. 죽음 앞에서는 누구도 천연할 수 없고 담대할 수 없는 게 사실이다. 사실 살아있을 때만이 모든 것이 필요하고 말할 가치가 있는 것이지 죽은 뒤에는 죽은 자의 처지에서 보면 아무런 의미가 없다.

2009년 4월 지구촌에 예상치 못한 재앙이 찾아왔다. 남미 대륙의 멕시코에서 처음 발생한 신종 인플루엔자(H1N1)가 그것이다. 원래 신종 인플루엔자는 돼지에서 생기는 A형 인플루엔자바이러스(influenzavirus) 감염이다. 즉, 돼지에서 발생하는 호흡기 질환으로 대개 사람에게는 옮기지 않지만 감염된 돼지와 직접 접촉한 사람들이 드물게 감염되기도 한다. 그래서 처음에는 돼지 인플루엔자 또는 돼지 독감이라고 불렀지만, 돼지와 직접적인 관련이 있다는 증거가 없어서 나중에 세계 보건기구(WHO)에서 공식 이름으로 사용하는 신종 인플루엔자로 통일했다. 인플루엔자(influenza)란 독감 균 즉, 감기를 일으키는 균을 말한다. 그런데 신종플루는 사람, 돼지, 조류 등의 인플루엔자 바이러스 유전 물

질이 혼합되어 있는 새로운 형태의 바이러스다. 바이러스 전파 경로에 대해서 아직 명확하게 밝혀지지는 않았지만, 계절 인플루엔자 바이러스와 유사하게 감염된 사람의 기침이나 재채기 등을 통하여 감염 즉, 비말飛沫 감염되는 것으로 알려졌다. 70℃ 이상으로 가열 조리하면 바이러스가 사멸되기 때문에 식품으로는 전파되지 않는다. 증상은 발열, 오한, 두통, 기침, 인후통, 콧물, 호흡곤란, 구토, 설사 등이 나타난다. 잠복 또는 전염 기는 증상 발생 하루 전부터 7일 정도 되는 것으로 보고되었다. 치료제는 오셀타미비르(oseltamivir, 상품명 : 타미플루)와 자나미비르(zanamivir, 상품명 : 릴렌자)가 있다. 예방법으로는 손을 깨끗이 자주 씻고 손으로 눈, 코, 입 등을 만지지 말아야 한다. 또, 기침이나 재채기를 할 때 화장지로 입과 코를 가리고 하며 호흡기 이상 증상이 있는 사람과의 접촉을 피해야 한다. 이 질병의 치료 가능성은 높은 것으로 보고되고 있다. 그러나 증상 초기에 투약해야 효과를 볼 수 있다는 것이다. 자칫 늑장 대처 시는 사망에 이르는 경우가 허다하다는 데 심각성이 있다. 그러므로 증상이 의심되면 즉시 병원을 찾아 진단과 처치를 받는 게 대단히 중요하다.

신종플루가 우리를 두렵게 하는 것은 지금까지 어느 플루보다도 변종이 심하고 치사율도 높고 빠른 전염력 때문이다. 첫 감염자는 인구조사를 하는 사람이었다고 한다. 인구 조사를 하다 보니 자연스럽게 많은 사람을 접촉했을 것이고 그 결과 감염자가 빠른 속도로 늘어났다. 짧은 기간에 전 세계적으로 감염자와 사망자가 계속 증가하여 지구 상의 온 인류를 공포 속으로 몰고 있다. 처음 발생한 지 두 달 만인 지난 6월 12일에 세계보건기구(WHO)는 신종 인플루엔자 A의 전염병 경보 단계를 최고 단계인 6단계로 격상하였다. 이 같은 조치는 대륙

간 감염으로 인한 '대유행(pandemic)' 단계로 접어들었음을 의미하는 것이다. 마침내 세계보건기구는 7월 31일을 기준으로 신종플루가 전 세계에 이미 확산된 것으로 보고 국가별 감염자 수를 보고받는 것을 중단하였다. 나름대로 최선을 다했지만 어쩔 수 없이 손을 놓은 상태에 이르렀다고 봐야 한다. 유럽에서는 비상을 선포하기 직전이고 나라에 따라서는 국경을 전면 또는 부분적으로 통제하기도 하고 출입국자들에 대한 철저한 검색이 행해지고 있다. 국외여행자들도 급격히 줄어들고 있고 다중이 모이는 관람 · 집회 등 각종 행사나 모임이 속속 취소 또는 축소되고 있다. 그뿐만 아니라 관련 산업의 침체, 내수의 부진, 불경기의 가속화가 점점 심화하고 있다. 외식과 음주문화 패턴도 크게 달라져 가고 있다. 사람이 많이 모이는 곳을 피하려는 경향이 두드러졌다. 감염에 노출되지 않으려는 지극히 당연한 몸부림이다.

문제는 이와 같은 상황이 언제까지 계속될 것인가에 있다. 또, 일부 국가에 국한된 것이 아니고 지구촌 모든 인류가 겪고 있다는 데에 있다. 일찍이 이처럼 온 세계가 질병으로 창궐한 때가 있었는가 모르겠다. 마치 성서 출애굽기(EXODUS)에 나오는 10가지 재앙 같은 생각이 든다. 성서의 내용은 이(louse), 메뚜기, 개구리, 뱀 등과 같은 것들을 통하여 인간에게 자연, 질병, 생명을 하나님이 주관한다는 것을 보여준 이른바 '여호와의 전쟁'이었던 것이다. 최근 들어 지구촌 곳곳에서 대형 사건 사고가 속출하고 있고, 과거에는 생각지도 못했던 재난재해가 빈발하고 있다. 또, 기후변화 · 기상이변 등으로 온난화가 심각하여 계절의 구분마저 모호해지고 있다. 탄소 배출량이 과다하여 세계 정상들이 한자리에 모여 탄소 배출량을 감축하기 위한 묘안 찾기에 골몰하고 있다. '저 탄소 녹색 성장'이 산업마다 기업마다 새로운 걸림돌이고 풀어야 할 과제로 등장하고 있다. 나라마다 발전하고 성장하려고만 했지 자연을 아끼고 보존하고 관리하는 것은 소홀히 한 결과가 아닌가 하는 생각이 든다. 작금에 일어나고 있는 이와 같은 현상들이 하나님이 온 인류에게 내리는 현대판 여호와의 전쟁 같은 느낌이 들어 마음 한구석이 씁쓸하다. 모든 일은 늦었다 할 때가 빠른 것이다. 지금부터라도 미리 준비하고 보존하고 관리하려고 노력해야 한다.

정확히 지금부터 10년 전의 일이다. 소위 Y2K라고 하는 '밀레니엄 버그.' 새로운 천 년이 시작된다고 해서 온 세상이 떠들썩했던 때가 있었다. 그런데 컴퓨터가 연도 표시의 마지막 2자리만을 인식하기 때문에 1900년과 2000년을 같게 읽는다는 것이다. 이 때문에 발생하는 여러 가지 문제가 공포로 다가왔었다. 그러나 정부 기업 등이 모두 나서서 발 빠르게 대응했기 때문에 Y2K 대란은 일어나지 않았다. 만약 그때 간과하고 소홀히 대처했다면 어떻게 될 뻔했는가. 핵무기 관련 프로그램의 오작동으로 전쟁이 일어날 수도 있었고 병원에서는 사람이 죽는 일이 발생할 수도 있었으며 금융 대란도 초래할 뻔했었다. 지난해에 이미 인플루엔자의 대유행에 대한 학자들의 거듭된 경고가 있었음에도 정부는 올해 전염병 관련 예산을 삭감했었다. 대통령의 지시로 지난 8월에야 치료 약과 예방 백신 확보를 위한 예산이 긴급 배정되어 충분한 물량 확보가 늦어진 것이다.

최근에는 신종플루에 감염되었다가 완치된 사람도 다시 감염되는 사례가 발생하고 있고, 우크라이나 등에서는 초강력 변종 바이러스가 생겨났다는 보도가 있다. 확진 판정을 받은 감염자도 전 세계적으로 27만 명에 이른다고 한다. 나는 이번 신종플루 대유행을 보면서 온 인류가 무분별한 개발과 훼손을 삼가고 보존을 위한 예방과 관리에 경각

심을 갖는 계기가 되었으면 한다. 동시에 우리에게 남아있는 잘못되고 낡은 관행과 문화도 과감히 고쳐지고 청산되었으면 하는 바람이다.

(2009. 12. 10.)

주5일근무 소고小考

세상 변하는 것을 보면 여러 분야에서 상상을 초월한다. 예전에 우리가 주5일근무 시대가 올 것을 생각이나 했었던가. 아직은 모든 분야에서 시행되고 있지는 않지만, 앞으로는 주5일근무 제도가 일반화될 것 같다.

이 제도는 정부도 원론적 견지에서 찬성하고 있어서 제도의 확산은 시간문제인 듯하다. 이렇게 되면 우리의 삶의 방식이 모든 면에서 빠르게 변하게 될 것이 뻔하다. 토요일이 휴무로서 사실상 금요일이 주말이 되자 토요일과 일요일을 오른쪽에 배치한 달력이 상당히 많아졌다. 과거 달력 구성의 틀을 벗어나서 연휴 기분도 나고 심리적으로도 주말이 빨리 오는 느낌도 드는 것 같다. 대부분의 나라에서는 한 주가 일요일부터 시작된다. 한 주일이 7일이 된 것은 고대 바빌로니아에서 유래되었다고 한다.

당시 바빌로니아 사람들은 7일에 한 번씩 재액일災厄日이 온다고 믿었다고 한다. 또, 당시 알려진 천체도 7개(해, 달, 5개의 혹성)였던 것이 근거가 되었다. 그러던 것이 유대인에게 전래하여 7일째가 안식일이 된 뒤 기독교와 로마를 거쳐 서기 325년 니케아종교회의에서 공식으로 결정되었다고 한다. 요일에 천체의 개념이 도입된 것은 처음엔 지구에서 먼 순으로 '토, 목, 화, 일, 금, 수, 월'의 순으로 되어 있었는데 나중에 '토, 일, 월, 화, 수, 목, 금'의 순서로 바뀌었다고 한다. 이에 따르면 한 주의 시작은 토요일부터다. 어쨌든 일요일을 휴일로 정하여 7일 요일제를 도입한 것은 서기 321년 동로마의 황제 콘스탄티누스 대제다. 옛날 중국에는 한 달 30일을 5등분하여 6일을 단위로 삼은 육요六曜가 있었다고 한다. 제갈량이 만들어 군사전략을 세우는 데 썼다는 속설이 있는데 확실한 근거는 없다. 그래서 이것을 일명 공명육요孔明六曜라고도 했다던가.

로마 시대 기독교가 공인된 뒤에는 일요일을 '디 에스 도미니카(주의 날)'라고 불렀고, 이집트 신화에서 유래하여 라틴어로 '디 에스 솔리스(태양의 날)'라고도 불렀다. 이에 따르면 월요일은 '디 에스 루나애(달의 날)', 화요일은 '디 에스 마르티스(군신, 마르티스의 날)', 수요일은 '디 에스 메르쿠리(전령 신, 메르쿠리우스)'이고, 목요일은 로마신화의 '디 에스 요위스(주신, 주피터의 날)', 금요일은 '디 에스 웨네리스(비너스의 날)', 토요일은 '디 에스 사투르니(토성의 날)'로 정했다고 한다.

하나님의 천지창조 내용을 보면 여섯째 날(토요일)에 사람을 창조하시고 일곱째 날에 안식하셨다고 되어 있다. 이에 따르면, 사람이 창조된 날이고 인간의 생일生日이다. 그렇다면, 짜 맞춰본 것이지만, 주5일 근무제에서 토요일에 쉬는 것은 인간의 생일을 쉬는 셈이다. 미주나 유럽의 잘사는 선진국에서는 오래전부터 시행되어 왔지만, 아무튼 이제는 주5일제가 세계적인 추세인 것은 분명하다. 심지어 미국 같은 나라에서는 이것도 모자라 '해피먼데이법'이 있어 건너뛰는 징검다리 휴일을 없애려고 아예 월요일까지를 휴일로 정해서 연휴를 즐기는 경우도 있다고 한다.

우리나라는 일제로부터 국권을 회복한 지가 오래지 않다. 더 말할 것 없이 엄청나게 어렵고 힘든 삶을 살아왔다. 그동안 온 국민의 피와 땀으로 짧은 기간에 놀랄 만큼 고도성장을 이루면서 세계 여러 나라의 주목을 받고 있는 게 사실이다. 국내 총생산이나 무역수지 규모로 보면 세계 10위권에 속할 정도로 고도성장을 이루었지만, 삶의 질은 최하위에 속할 만큼 열악한 게 사실이다.

우리나라 국민은 그동안 세계적으로 최고 수준에 달하는 노동 시간을 유지해 왔다. 엊그제 뉴스를 보니까 경제협력개발기구(OECD)에 속한 나라 중에 삶의 질이 최하위였다. 여기에는 그 기준이 노동시간이었다. 최빈국보다도 더 긴 노동 시간이라는 것이다. 그동안 우리는 살기 어려웠고 그래서 더 잘살아 보겠다는 생각으로 쉬고 잠자는 시간을 줄여서 소득 증대에 몸을 투자한 것이 사실이다. 이런 측면에서 보면 앞으로 주5일제의 시행으로 이 같은 상황은 다소 개선되리라고 생각된다.

솔직히 말해서, 그동안 우리의 주말은 너무나 짧고 자유시간도 부족했다. 시간이 부족하니까 자연적으로 갖가지 문화를 즐길 만한 삶의 여유가 있을 수 없었다. 그동안 모든 분야에서 문화는 우리에게 사치이고 낭비였으며, 특권 고위층만의 전유물인 것처럼 여겨졌고 대중 속에 파고들어 발전하고 계승되지 못했던 것도 사실이다. 술 문화만 해도 그렇다. 우리는 술을 음미하고 즐길지를 모른다. 그냥 마시고 취하는 문화 아닌 이상한 방향으로 만연되어 있다. 여기에는 이유가 있다.

우리는 늘 바쁘다. 항상 시간에 쫓긴다. 술 마시는 것도 그렇다. 우리나라 사람들이 유난히도 술을 많이 마시고, 노래방 등 유흥에 쉽게 젖어드는 것도 시간 부족과 연관된다고 본다. 짧은 시간 내에 쌓인 피로와 스트레스를 풀려고 폭음을 하고, 큰소리로 노래함으로써 속에 고인 좋지 못한 감정을 토해내고 삭이려는 심산일 것이다. 이렇듯 시간에 항상 쫓기며 사는 사람은 어쩌다 시간이 있어도 어떻게 그 시간을 활용할 줄을 모른다.

이제 우리도 주5일제가 본격적으로 시행될 것에 대비해서 여유시간을 보다 보람 있고 알차게 보내는 지혜가 있어야 할 것이다. 적어도 이틀간의 휴무로 자유시간이 많아지게 된다. 그만큼 우선 시간상으로는 삶의 여유가 생기게 된다. 앞으로는 휴무로 생기는 여유시간을 어떻게 잘 활용하느냐에 따라 자기 발전도 도모하고 가정도 행복해질 수 있으며 삶의 질도 한층 향상될 것이다. 중국 속담에 이런 말이 있다.

"한 시간의 행복을 원한다면 낮잠을 자고, 한 달의 행복을 원한다면 여행을 가라. 또, 평생의 행복을 원한다면 다른 사람을 도와라."

우리가 잘 새겨볼 말인 것 같다. 나에게 주어진 자유시간이라고 해서 아무렇게나 써야 할 것인가를 생각해야 한다. 혹시 내게 주어진 이 자유시간이 남을 위해 쓰라는 시간은 아닌가 하는 생각도 함께해 봤으면 좋겠다.

그동안 너무나 바쁘게 살다 보니까 가족들의 얼굴도 제대로 못 보고, 대화도 제대로 못 나눴던 하숙집 같은 가족 관계였다. 그러니 이제부터는 따뜻한 정이 흘러넘치는 가정을 만들어 갈 일이려니 싶다. 정서적으로 안정된 가운데에 조용한 산촌을 찾아 가족끼리 여행을 하면서 자연과 환경의 가치와 소중함도 일깨우는 계기도 만들고, 지금까지는 구경하고 관람하는 것으로만 만족해야 했던 각종 생활체육과 예술 활동도 능동적으로 참여하고 체험하는 방식으로 바뀌 나가야 할 것이다.

이렇듯 주5일제는 우리의 삶의 패턴을 크게 바꿔 놓을 것으로 생각된다. 좋은 현상이다. 이것이 인간이 추구하는 복지 생활이고 웰빙생활이기 때문에 빨리 확산되고 정착되어야 할 일이다.

그러나 한 가지 간과하지 말아야 할 게 있다. 항상 우리는 옆을 바라봐야 하고 이웃을 살펴야 한다. 삶의 여유와 방식이 사람마다 같을 수는 없다. 또, 생활의 수준도 제각기 다르기 마련이다. 우리 사회에는 아직도 그늘진 곳에서 어렵고 힘든 삶을 사는 사람들이 많다. 일용직, 임시직에 종사하며 불안정한 삶을 사는 사람들이 늘고 있다고도 한다. 쪽방 살이, 노숙자가 증가한다고도 한다. 신경을 쓰고 관심을 가져야 할 일이다. 생활이 여유가 있는 사람에게는 즐거운 주말 연휴이겠지만, 그렇지 못한 사람들에게는 고통과 불만의 괴로운 연휴가 될 것이니 말이다. 행여 이들이 연휴를 즐기는 사람들을 증오의 눈길로 바라보지나 않을지 한 번쯤 생각해 봤으면 좋겠다. 그래서 모든 계층의 사람들을 아우르면서 함께 맞는 주5일근무제가 되었으면 한다.

(2009. 7. 30.)

그만 할 때도 되었다

세상이 참으로 빠르게 변하고 있다. 옛날에는 생각조차 할 수 없었던 일들이 우리의 생활 속에서 일어나고 있는 게 현실이다. 경제가 어렵다, 실업자가 늘고 있다, 일자리가 없어 아우성이라고 하면서도 휴일이면 유원지나 관광지는 물론이고 산과 계곡, 하천 등을 찾아 자연을 만끽하고 심신의 피로를 푸는 사람들로 가득하다.

특히, 요즘처럼 날씨가 무더워지는 계절이면 더욱 그러하다. 차를 타고 조용한 교외를 가족과 함께 달리다 보면, 자신도 모르게 들뜬 마음이 된다. 싱그러운 신록과 함께 온갖 산야는 사람의 마음까지도 초록색으로 물들게 한다. 신비롭기만 한 자연, 신의 조화와 섭리를 새삼 절감케 한다. 거기다가 온몸으로 부딪혀 스치고 지나가는 풀 냄새, 상큼한 바람은 유난히도 시원하다. 속이 후련해진다. 이래서 모두 산과 강, 계곡 등을 찾는가 보다. 그런데 이렇게 들뜨고 설레기까지 하면서 찾아온 산과 계곡 강가에 우리들의 얼굴을 찌푸리게 하고 불쾌하게 하는 것들이 있어 유감이다.

청정한 물이 흘러야 할 계곡 깊은 곳이나, 인적이 뜸한 산골 깊숙한 곳에는 쓰다 버린 냉장고, 선풍기, TV 등 폐가전제품이나 낡은 가구류 등이 흉물스럽게 나뒹굴고 있거나 쌓여 있는 것을 보게 된다. 이런 광경은 이제 새삼스런 일도 아니고 생소한 일도 아니다. 또 어제오늘의 얘기도 아니고 이미 이렇게 된 지가 상당히 오래다. 이 같은 사례는 행정구역상 시·군의 접경지역이나 접근이 쉽지 않은 인적이 뜸한 곳에 많다는 것이 더욱 문제다. 쉽게 눈에 보이지 않기 때문에, 또 접근이 어려워서 이것들을 치우는 일도 쉽지 않고 비용도 더 많이 든다.

그렇다면 왜 이렇게 폐가전제품과 가구들이 무단으로 방기放棄되고, 방치되고 있는가? 과연 누가 이런 짓을 하는지 참으로 한심하고 걱정스런 일이 아닐 수 없다. 우리 국민 즉, 너와 내가 바로 당사자이고 주범이고 행위자임이 분명하다. 또 생각과 의식의 전환 없이는 쉽게 사라질 일이 아니다. 이제 더는 우리 국민도 부끄러운 행위를 해서는 안 될 때도 되었다고 본다. 결국, 이 같은 일이 아직도 벌어지고 있다는 것은 세계화, 국제화를 지향하는 국가 브랜드에 먹칠하는 것으로 더는 거론조차 불필요하고 계몽의 저급한 말조차 꺼내고 싶지 않다. 누워서 침 뱉으면 제 얼굴에 떨어지는 것처럼, 우리가 사는 이 땅의 아름다운 산하山河는 우리가 스스로 주인임을 모르는 것인지, 우선 코앞의 편의와 작은 이익을 위해 미래를 포기하려는 작심作心인지 도무지 이해가 가질 않는다. 정말 이제는 이런 일들이 더 일어나지 않았으면 좋겠다.

정부에서도 물리적으로 많은 노력을 하고 있고, 각급 자치단체에서도 이 같은 사례를 막고 쓰레기를 줄일 수 있는 여러 가지 시책들을 강구하여 시행하고 있지만, 그보다 근본적인 것은 우리의 인식과 의식의 전환이 절대적이라고 생각한다.

쓰레기를 줄이기 위하여 '쓰레기종량제'가 시행된 지 상당히 오래다. 쓰레기종량제는 쓰레기를 버린 만큼 돈을 부담하여 궁극적으로는 쓰레기를 줄이자는 데에 그 제도의 목적이 있다. 종량제 실태 조사를 한 자료를 보면 도시 지역은 어느 정도 정착되어 가고 있는 듯하나 농어촌 지역은 아직도 잘 지켜지지 않고 있다는 것이다. 특히 도시 주변 농·어촌의 산간 계곡이나 하천 등에는 몰래 버려진 쓰레기들로 몸살을 앓고 있다.

인근의 농·어촌 주민에 의하면 도시 주민이 일몰 시간대를 이용하여 차량으로 싣고 와 버리고 간다는 것이다. 이유는 도시에서는 아무 데나 버릴 곳도 마땅치 않고 또 이것들을 버리려면 얼마만큼의 비용이 들기 때문이다. 배출 수수료가 그것이다. 배출 수수료를 내야만 시·군청에서 수거해 간다고 한다. 비용도 만만치 않고 버릴 곳도 마땅치 않으니 자연스레 도시 인근의 산, 강, 계곡을 찾아 인적이 뜸한 곳에 버리게 된다. 이러한 문제점을 해소하기 위하여 전라북도에서는 '맞춤형쓰레기종량제'라는 시책을 발굴하여 시행하고 있다. 이 제도의 골자는 재활용이 가능한 폐품을 모아 쓰레기처리 비용으로 충당하고 있어 농·어촌 지역에서는 획기적인 성과를 거두고 있다고 한다. 그 중에서도 눈에 띄는 것은 폐가전제품을 무상으로 수거하는 것이다. 지금까지는 버릴 때마다 받았던 배출 수수료를 받지 않기로 한 것이다. 이렇게 할 때 처리비용인 배출 수수료 때문에 계곡이나 하천에 몰래 버리는 사람이 없어지고 이 때문에 무단 방기하는 폐가전제품이 없어질 것으로 생각된다.

앞으로는 폐가전제품을 버릴 때 시·군청에 전화 한 통만 하면 무상으로 수거해가기 때문에 몰래 버릴 필요가 없다.

다만, 집 앞이나 도로변에 아무렇게나 내놓으면 안 되고 반드시 시·군청에 전화해서 약속한 시각에 수거해 가도록 해야 한다. 도민들의 절대적이고 자발적·능동적 참여가 절실히 요구된다. 아무리 좋은 법과 제도가 있어도 이를 도외시하고 따르지 않으면 무용지물이 되기 때문이다.

폐가전제품은 귀중한 자원이다. 원자재가 부족한 우리나라로서는 환경도 보호하고 자원도 재활용하여 일석이조의 효과를 거두도록 하여야 한다. 지난 6월 5일은 '환경의 날'이었다. 미국의 전 부통령이자 환경운동가인 엘 고어는 "기온 상승 때문에 해수면 상승과 대홍수, 극심한 가뭄을 겪을 것이며 이 때문에 인류의 생명과 지구의 안위가 위협받을 것"이라고 경고했다.

전라북도는 노령과 소백산맥의 수려한 자연경관과 금강, 섬진강, 만경강의 맑은 물이 흐르는 깨끗하고 아름다운 고장이다. 잘 가꾸고 보존된 자연자원은 21세기에 전라북도가 가지는 무한한 경쟁력이 될 수 있다. 이러한 천연적인 장점을 살려 지역경제 발전에도 보탬이 될 수 있게 하면서 후손에게 깨끗하고 쾌적한 자연환경을 물려주어야 한다. 환경을 사랑하고 아끼고 보존하는 노력과 책임을 다할 때 풍요롭고 살기 좋은 고장을 만들 수 있을 것이고, 미래 세대에게 떳떳하고 자랑스러운 조상으로 남게 될 것이다. 청정하고 수려한 자연을 좋아하고 찾으면서 신나고 기분 좋은 웰빙 생활을 하자면서 환경을 오염시키고 자연을 병들어 죽어가게 하는 이율배반적 행위는 이제 더는 우리의 얘기가 아니길 간절히 소망해 본다.

(2009. 7. 8.)

4부

그래서 당신을

진정 가셔야만 했습니까
광란인지 뒤풀이인지
그래서 당신을
공무원은 도둑놈
근무처 여고
닭서리 재판
이코노미석을 탄 대통령
미국 그리고 클린턴
젊게 산다는 것

진정 가셔야만 했습니까

— 법정 스님의 열반에 부쳐

나는 내가 몸담은 기독교 이외의 종교에 대하여는 잘 모른다. 그렇다고 다른 종교에 대하여 배타적이지도 않다. 종교마다 제각기 교리가 있고 믿는 방법의 차이가 있지만 궁극적으로 추구하는 것은 인간의 내세에 관한 문제로 합일하는 것이 아닐까.

지금 우리나라에서는 평생 불교에 몸담아 살면서 불교의 가르침에 따라 수행자로서의 본분을 잃지 않고 살다 가신 한 스님의 죽음에 대하여 애도하고 있다. 나는 이 스님 역시 불제자이면서 종교의 벽을 허물려는 발자취를 남겼다는 데에 동병상련의 정을 느낀다.

2010년 3월 11일 오후 1시 52분. 자신이 창건한 서울의 길상사에서 폐암으로 투병 중이던 법정法頂 스님이 입적入寂했다. 법랍法臘 55세, 세수世壽 78세다.

법정 스님은 3, 4년 전부터 폐암으로 투병생활을 해왔으며 지난해 가을 정기법회 이후 병세가 악화되어 끝내 열반涅槃에 들었다.

그는 1932년 10월 8일 전라남도 해남에서 태어나 목포상고를 나와

전남대학교 상과대학 3학년을 수료한 뒤 입산 출가를 결심하고 싸락눈이 내리던 어느 날 집을 나섰다. 서울에서 당대의 선승 효봉 스님을 만나 삭발했다. 이후 통영의 미래사로 내려와 부목負木부터 시작해서 행자行者 생활을 했다. 쌍계사, 통도사, 송광사 등에서 정진 수도했으며 운허 스님과 함께 불교사전 편찬에 참여했고 한글대장경과 동국대 역경원의 불교 경전 번역 작업에 참여했다.

함석헌, 장준하, 김동길 등과 함께 민주수호국민협의회 결성과 유신철폐 운동에 동참하기도 했다. 한때 불교신문사 주필, 전남 송광사 수련원장 등을 지냈으나 70년대 후반부터는 모든 것을 떨쳐버리고 살았다. 1975년 10월부터는 송광사 뒷산에 불일암佛日庵을 짓고 홀로 살았다. 1976년 그의 산문집 ≪무소유≫를 출판한 후 찾아오는 사람들이 많아지자 1992년에는 다시 출가하는 마음으로 불일암을 떠나 강원도 평창의 산골로 들어가 화전민이 살던 오두막집을 개수해서 혼자 지내왔다. 산골에서 묻혀 지냈지만, 대중과의 소통은 끊지 않았다. 특히 서울 성북동에 있는 고급 요정이었던 대원각의 실질적 주인이자 시인 백석(본명, 백기행 : 1912～1955)의 연인으로 알려진 김영한 여사(1999년 별세)와의 인연은 각별했다. 그녀는 1,000억 원대의 재산 가치가 있는 대원각을 법정 스님에게 간청하다시피 하여 부처에게 바쳤다. 대원각을 아무 조건 없이 기부받은 법정 스님은 이듬해인 1997년 12월에 나눔 정신을 실천하는 오늘의 길상사로 창건한 뒤 회주會主로 재임하였다. 그러나 2003년 12월에는 회주 자리도 내놓았다. 하지만 정기 법문은 계속하면서 시대의 잘못을 날카롭게 꾸짖고 번뇌를 호소하는 대중들을 위로했다.

법정 스님은 30여 권의 저서를 남겼다. 그 중에서도 그의 대명사처럼 유명해진 저서는 산문집 ≪무소유≫다. ≪무소유≫는 1976년 4월 출간된 후 지금까지 180쇄를 찍어낸 우리 시대의 대표적 베스트셀러가 되었다. 그는 자기의 저서 명처럼 생의 마지막까지 무소유를 실천했다.

"내 것이라고 하는 것이 남아있다면 모두 맑고 향기로운 사회를 구현하는 활동에 사용해 달라. 번거롭고 부질없고 많은 사람에게 수고만 끼치는 일체의 장례의식을 행하지 마라. 관과 수의를 따로 마련하지도 말고 편리하고 이웃에 방해되지 않는 곳에서 바로 평소의 승복을 입은 상태로 갈 것이다. 사리를 찾으려고 하지 말며 탑도 세우지 마라. 그동안 풀어놓은 말빚을 다음 생으로 가져가지 않겠다. 나의 이름으로 출판한 모든 출판물을 더는 출간하지 말아 달라."

법정 스님이 남긴 유언이다. 육신의 흔적을 포함한 가능한 모든 흔적을 남기지 않는 순수 무소유를 실천하겠다는 의지가 역력하다.

2010년 3월 15일 자 ≪동아일보≫에 실린 황호택 논설실장의 칼럼에 따르면, 법정 스님이 가장 좋아했던 책은 미국의 헨리 데이비드 소로(Henry David Thoreau : 1817~1862)가 쓴 ≪월든(Walden)≫이라고 한다. 소로는 1835년에 월든 숲에 들어가 방 한 칸짜리 통나무집을 짓고 그곳에서 2년 동안 살았다. 그는 이 경험을 토대로 문명사회의 비판과 자연예찬을 내용으로 한 책 ≪월든≫을 썼다. 소로는 이 책에서 '간소하게 살라. 자신의 인생을 간소하게 살면 우주의 법칙은 더 명료해질 것이다.'라고 했다.

법정 스님은 월든 호수를 세 번이나 찾아갔다고 한다. 스님의 저서 ≪무소유≫나 ≪오두막 편지≫에도 월든의 자취가 묻어난다. 무소유는 원래 인도 자이나교의 전통이라고 한다. 자이나교 승려들은 무소유를 철저하게 실천하려고 몸에 실오라기 하나 걸치지 않고 수도한다고 한다.

법정 스님은 인도 여행 중에 마하트마 간디가 거처하던 집을 찾아가 간소함에 감명받았다고 한다. 수도승의 거처보다도 훨씬 간소한 간디의 방을 보고 놀랐다고 한다. 자신이 지닌 것이 너무 많아 부끄러웠다고 했다. 법정 스님은 자신이 간디와 소로의 영향을 받았다고 했다.

1970년대 우리나라에서 민주화의 열기가 한창일 때 법정 스님이 명동에 갔는데 먹물 들은 이가 웬일이냐고 묻는 어떤 신부에게 이 옷 벗고 오면 되겠느냐고 했다. 그는 또 길상사에 있는 관음보살상의 조각을 독실한 천주교 신자인 최종태 전 서울대 교수에게 맡겼다. 최 교수는 관음상을 만들기 전에 법정 스님에게 상의 머리에 쓰고 있는 관과 손에 들고 있는 병이 무엇이고 손바닥이 보이게 하는 이유를 물었다. 그랬더니 화관花冠이고 정병淨甁이며 구고救苦라고 대답했다. 최 교수는 꽃 관, 정화수, 세상의 고통을 구한다는 말을 듣는 순간 작품의 구도가 잡혔다고 한다. 최 교수는 성모마리아 상의 조각가로 이름난 사람이다. 그래서 세상 사람들은 길상사의 관음보살상을 성모님 닮은 관음상이라는 말을 만들어내기도 했다.

길상사 개원 법회 때에는 당시 한국 천주교의 수장인 고 김수환 추기경이 참석하여 '맑음과 평안의 향기가 솟는 샘터'가 되기를 진심으로 기원한다는 축하 메시지를 했다. 법정 스님은 이듬해에 명동성당 미사에 참석하여 특별 강론을 하기도 했다.

김수환 추기경과 법정 스님은 종교의 벽을 넘어 어두운 세상을 밝히는 크나큰 발자취를 남겼다. 마치 종교가 추구하는 종국은 하나이고 같다고 말은 안 했지만, 몸으로 암시해 보여줬던 거목이고 지도자였다. 바보 추기경은 비구比丘 법정에게 다시 태어나면 추기경 같은 직책은 맡고 싶지 않고 평신도로 살아가고 싶다고 했다. 보통 사람과 다름없는 인간적 고뇌를 털어놓았던 두 분은 모두 생사가 여일如一했다.

이제 법정은 육신은 4대(4大 : 흙, 물, 불, 바람)가 화합한 것이라는 불교의 가르침과 "죽음은 자연의 한 부분"이라는 자신의 말대로 무소유 상태로 자연으로 돌아갔다.

2010년 3월 13일 오전 11시 40분, "스님! 불 들어갑니다."라는 외침과 함께 장작에 불을 붙이는 거화炬火가 이루어졌다. 이 광경을 지켜보는 1만여 추모객 중에는 여기저기서 흐느끼는 소리가 들렸고 어떤 이는 "스님! 불났어요. 어서 일어나세요."라고 외치기도 했다.

길상사 주지 덕현 스님은 법정 스님의 가르침이 연꽃처럼 불 속에서 다시 태어날 것이라는 뜻의 '화중생련花中生蓮'을 외쳤다. 법구法柩가 안치된 12일부터 다비식茶毘式이 끝난 14일까지 사흘 동안 5만여 명이 송광사를 찾아 마지막 가는 법정 스님을 추모했다고 한다.

무소유는 생소한 말이 아니다. 인간은 원래 공수래空手來 공수거空手去다. 그걸 모르는 사람은 없다. 비우고 실천하는 것이 문제다. 누구나 생의 끝날에는 아무것도 가지지 않은 상태로 자연으로 돌아간다. 사람들은 죽음 이후의 세계를 모른다. 다만 종교와 신앙을 통하여 영혼의 삶을 상상하고 신뢰할 뿐이다.

인간은 필연이든 우연이든 여러 연을 맺고 산다. 이른바 육의 인연이다. 사람들은 죽을 때 얽힌 연을 끊지 못해 몸부림치고 애통해 한다. 많은 사람의 존경과 추앙을 받았던 사람과의 절연絶緣은 우리를 더욱 안타깝고 슬프게 한다.

스스로 작은 스님이 되고 싶어했던 법정 스님. 그렇게 허망하게 생을 마감해야만 했나요? 이 땅에 더 오래 살아남아 중생의 번뇌와 삶을 아우를 수는 없었습니까? 종파를 떠나 종교의 본질을 망각한 채 전통, 타성, 관념, 형식에 구속된 수도생활에 선뜻 용해되고 싶지 않았다고 한 법정 스님! "생각대로 살지 않으면 사는 대로 생각한다."는 프랑스의 시인이자 사상가인 폴 발레리(Ambroise-Paul-Toussaint-Jules Valery : 1871～1945)의 말처럼 생각대로 살기 위하여 이승을 떠나야 했습니까? 기어이 그렇게 가셔야만 했습니까? "나 죽거든 슬퍼하지도 말라." 고 하면서 수많은 사람의 '가지 마라.'는 애원도 뿌리치고 말입니다. 당신의 빈자리가 너무도 크게 남아있습니다. 가슴 저미는 그리움을 어찌해야 합니까?

(2010. 3. 18.)

광란인지 뒤풀이인지

어떤 일이나 모임을 끝낸 뒤 서로 모여 여흥을 즐김 또는 그런 일. 사전에서 찾은 뒤풀이의 정의다. 말 그대로 뒤풀이는 여흥이나 여흥을 즐기는 일이다. 모든 모임이나 행사가 반드시 여흥이 필요하고 뒤풀이를 해야만 하는 것은 아니다. 또한, 뒤풀이를 할 수 있는 성격의 모임이나 행사라고 해서 꼭 필수적으로 뒤풀이하여야 하는 것도 아니다. 뒤풀이는 의미상으로 보면 즐겁고 기쁜 일이 있다든지 경사스럽고 기념할 만한 행사의 경우에나 하는 여흥이다. 장례식을 마치고 뒤풀이하는 것을 본 적이 있던가.

그런데 요즈음 중·고교생들의 졸업식 뒤풀이가 막장으로 치닫고 있어 간과할 수준이 아니다. 도를 넘었다. 졸업은 끝이 아니라 새로운 시작을 의미한다. 다음 단계로 옮겨가는 출발이고 진입의 준비를 마치는 것이다. 서양에서는 졸업을 Graduation 또는 Commencement라고 한다. 전자는 점진적으로 성장한다는 뜻이고 후자는 새로 시작한다는 뜻이다. 문화의 차이가 있겠지만, 서양 사람들의 졸업에 대한 생각은 우리와는 확실히 다르다. 따라서 졸업은 축하받을 일만은 아니다. 우리나라 중 · 고교의 졸업은 피 말리는 입시 경쟁의 시작이다. 취업난이 심각한 요즘엔 대학 졸업의 공포증을 앓는다고도 한다. 심지어 의도적으로 대학 졸업을 늦추는 사태까지 벌어지고 있다. 그 이유는 말할 것도 없이 졸업 후 불확실한 삶이 기다리고 있기 때문이다. 1967년 개봉된 외국 영화 〈졸업〉에서도 졸업은 불확실한 삶이 지배하고 모순과 부조리로 가득 찬 현실세계로 들어가는 것을 상징하고 있다.

졸업식 뒤풀이는 어제오늘의 얘기가 아니다. 오래전부터 있어 왔지만 최근의 뒤풀이는 원래 뒤풀이의 의미를 무색하게 한다. 중 · 고등학교 과정이 대학 입시를 위한 전초전 또는 준비 과정으로 전락한 잘못된 교육제도 때문이기도 하다. 중 · 고등학교의 졸업은 학생들의 입장에서 보면 큰 입시 지옥에서 해방되는 홀가분함과 감옥과도 같이 느껴지는 학교를 벗어난 다른 의미로 비칠 수도 있는 게 현실이다. 그래서 추억거리가 되어야 할 졸업 뒤풀이가 도를 넘어 과격으로 치닫고 있다. 소동을 벌이고, 교복을 찢고, 밀가루를 뿌리고, 달걀을 투척하고, 급기야는 속옷 차림과 알몸까지 등장했다.

확실한 근거는 없지만, 졸업식 때 밀가루를 뿌리는 것은 학교생활에서 받은 스트레스와 좋지 않았던 일들을 말끔히 지워버리고 사회에 나가서 밀가루처럼 하얗고 깨끗하게 새로운 출발을 하라는 의미이고, 달걀을 투척하는 것은 새 생명, 새로운 삶을 살라는 의미라고 한다. 이처럼 원래 졸업식 뒤풀이는 상당히 의미 있고 건전한 일종의 세리머니였다.

그런데 언제부터인가 엉뚱하게도 이상하고 삐뚤어진 한풀이로 변질

되고 말았다. 얼마 전 제주도에서는 졸업식 후 여고생들이 속옷만 입고 바닷물에 뛰어들었다.

2010년 2월 5일 오후, 서울의 금천구 M 중학교 졸업식이 끝나고 이 학교 출신 선배를 포함한 수십 명의 남녀 학생이 학교 정문 앞에서 졸업한 여학생 2명의 치마를 찢고 밀가루를 뿌렸다. 경찰이 출동하여 피해 학생들을 경찰차에 태워 돌아가자 이들은 학교 정문에서 50여 미터 떨어진 동네 골목에서 역시 이날 졸업한 한 여학생을 상대로 교복과 속옷을 벗기고 머리에 케첩을 뿌리는 등 폭력적 뒤풀이를 계속했다고 한다. 폭행을 당하는 여학생을 지켜보던 주위의 학생들은 피해학생에게 도움은커녕 환호성을 지를 뿐이었다는 것이다. 최근 이와 같은 집단 괴롭힘 장면을 촬영한 동영상이 인터넷에 퍼져 사회에 큰 파문을 일으키고 있다. 경찰은 가해 학생 2명을 불러 조사했는데, 피해 학생의 선배인 이들은 경찰 조사에서 "그날 있었던 일은 학교의 전통으로 매년 졸업식마다 반복되고 있다."고 진술했다고 한다. 이들은 또 이 사건을 취재하는 ≪동아일보≫ 조종엽 기자(≪동아일보≫ 2010. 2. 9. A12면 참조)에게 졸업하면 당연히 맞고 때리는 것으로 이는 학교의 전통이라고 말하면서 다른 학교 학생들도 똑같이 하는데 억울하다고 했다는 것이다. 이 학교 인근에서 세탁소를 15년 동안 운영했다는 강흥철(54) 씨는 4, 5년 전부터 이런 일이 벌어졌는데 올해는 여학생의 브래지어 끈까지 끊는 등 점점 심해진다고 했다. 강씨는 또 작년에도 이 학교를 졸업한 선배들이 학교에 와서 남녀 학생 5명 정도의 옷을 벗겼다면서 당한 학생들이 다음 해에 다시 와 폭행을 반복하고 있다고 했다.

이와 같은 변칙적 뒤풀이 문화의 변화에 대하여 당사자들은 막상 문제를 심각하게 생각하지 않는 분위기라고 한다. 경찰 조사에서 폭행을 당한 피해 여학생도 1년 넘게 친하게 지내던 언니들이라 별로 심각하게 생각하지 않는다면서 장난치고는 너무 심했던 것일 뿐이라고 진술한 것으로 알려졌다. 동영상 장면을 촬영한 사람은 동영상에는 안 보이지만 피해 학생도 웃고 있었다고 했다.

또 다른 졸업 뒤풀이 사례를 보면 2010년 2월 11일 오후 경기도 고양시 모 중학교 남녀 졸업생 15명과 같은 학교 졸업생인 선배 고교생 20여 명이 학교 근처 공터에 모였다. 영하의 추운 날인데도 졸업생들은 속옷까지 모두 벗은 채 밀가루와 달걀 세례를 받았다. 알몸 상태로 눈 쌓인 공터에서 옆으로 구르기를 하거나 인간 피라미드를 쌓는 등 이른바 얼차려를 받았다. 선배들은 이들의 모습을 디지털카메라로 촬영했다. (≪동아일보≫ 2010. 2. 16. A면 참조)

이 밖에도 졸업생들 남녀가 거리에서 함께 옷을 벗거나 속옷 차림으로 거리를 누비기도 한다. 도대체 이런 현상들을 어떻게 해석하고 이해하여야 좋을지 어안이 벙벙해서 말이 나오지 않는다. 이에 대하여 대중문화 평론가 김지룡 씨는 예전에는 노출이 부끄러운 것으로 받아들여졌지만, 지금은 웬만한 노출에 대해선 청소년들도 태연해졌다고 말했다. 대중매체의 영향이 크다고 지적했다. 물론 사람에 따라서는 보는 관점과 견해가 다를 수 있다. 삐뚤어진 우리 사회의 자화상일 수도 있고 성희롱이고 성폭력일 수도 있다. 또 기성세대의 무관심과 방임 때문일 수도 있다. 어떤 이는 IMF 시대에 태어난 자녀를 살기에 바쁜 맞벌이 부부가 제대로 애정과 관심을 두고 돌보지 못한 결과라고도 분석한다.

원인이야 어쨌든지 왜곡되고 삐뚤어진 것만은 분명하다. 이 기회에 어떻게 해서든지 바로잡아야 한다. 이대로 방치했다가는 잘못된 졸업식 뒤풀이 문화가 부메랑이 되어 더 큰 사회문제로 발전할 수 있다. 강력한 처벌과 함께 교화해야 한다. 만물의 영장이라는 사람이 더 이상 사람이기를 포기하는 광란의 짓이다. 인간이 어디까지 타락할 수 있는지 모르겠다. 선배의 강요에 옷을 벗는다고 하지만 스스로 남녀가 함께 옷을 벗어 알몸이고자 하는 이유가 뭣일까? 어쩌자는 것인지 모르겠다. 하는 짓을 보면 10대 청소년이 아니고 애들이 아니다. 두렵기까지 하다. 마침내 이명박 대통령도 나섰다. 이번 일은 하나의 사건을 처리하는 것으로 그치지 말고 근본적인 대책과 치유 방안을 마련하라고 정부 관계자들에게 지시했다. 정부와 국민 모두 이 문제를 국가적 차원에서 심각하게 받아들여야 한다. 대책 마련을 할 때 문제의 당사자들을 배제해서는 안 된다. 당사자들과 함께 머리를 맞대고 문제의 본질을 파악해야 한다. 문제를 직시하고 원인을 정확히 진단하여야 한다. 단기적 · 일과적 처방으로 끝나서는 안 된다. 완벽한 제도적 장치를 마련하여 지속적으로 추진하면 좋겠다. 그리고 인내를 가지고 청소년들을 교화해 나가면 좋겠다.

(2010. 2. 19.)

그래서 당신을

한 해가 저물어가는 즈음인 2005년 12월 29일이었다. 나는 당시 전라북도청의 도로과장으로 재직하고 있었다. 점심시간이 조금 못 되었을 것이다. 청 내 방송을 통하여 국장局長 내정인사가 발표되었다. 내가 차기 건설교통방재국장으로 내정되었다. 나는 내정인사 발표가 있자마자 곧바로 자리에서 일어나 또 다른 국장 후보 상대인 동료 사무실로 내려갔다. "자네가 되어야 할 텐데 미안하게 되었네."라며 손을 내밀어 악수를 청했다. 솔직히 말해서 나도 내심으로는 그 친구가 될 줄 알았다. 당시 정황이나 그 친구의 입지로 봐서 나와는 차이가 있었다. 정계, 관계, 사회적 배경 등이 우리 사회 정서상 나와는 여러 가지로 비교되지 않았다. 내정인사 발표가 있었던 다음날, 나는 지사의 지시로 중앙부처 출장을 갔었다. 정오가 조금 지났을까? 평소 알고 지내는 분으로부터 휴대전화가 걸려왔다.

"석 과장! 이번 인사 때 지사님을 한 번도 안 찾아봤다면서? 부탁 한 번도 안 한 거야?" 그분이 따지고 책하는 어조로 다짜고짜로 말했다.

"예, 그랬습니다."

"그건 잘못했지. 그러는 게 아니지. 최소한 자기의 의사표시는 해야 했지. 나라도 괘씸하게 생각하겠네." 하면서 퉁명스럽게 전화를 끊었다. 통화가 끝난 뒤 한참 동안 나는 멍청해졌다. 그분의 말씀을 들으니까 내가 정말 잘못한 것 같았다. 지사를 만나서 내 뜻과 의지 정도는 밝히면서 한 번쯤은 부탁해야 했구나 하는 생각이 들었다. 그러나 이미 때는 늦었고 인사는 일단락되었으니 이를 어찌해야 좋을지 막연했다. 이윽고 초조한 나머지 내가 그분께 전화를 걸었다.

"회장님! 석인수예요. 정말 죄송하고 감사합니다. 그런데 어떻게 그 사실을 아셨어요?"

"아니, 내가 어젯밤에 지사님과 같이 술 한잔하고 있는데 모 정당 대표로부터 지사님께 섭섭하다는 투로 전화가 오는 것 같더라고. 전화를 끊고 나서 지사님이 그러는데 내가 석인수를 잘 알지도 못한다면서 이번 인사에서 ○○○는 두서너 번씩 찾아와 부탁했는데 석인수는 한 번도 찾아오지 않았다고 해서 알게 된 거야. 지사님 입장에서는 석 과장을 교만하고 건방지다고 오해할 수도 있잖아?"

"그러게요. 그럴 수도 있겠네요."

"그래서 그런 일이 있었다는 것을 참고하라고 전화한 거야."

출장 용무를 마치고 귀가하는 동안 내내 머릿속은 지혜롭지 못했던 때늦은 후회로 꽉 차 있었다. 그날 밤 아무에게도 말 못하고 나 혼자서 밤새도록 뒤척이며 잠을 설쳤다. 까만 밤을 하얗게 보냈다. 날이 밝자마자 서둘러 출근했다. 곧바로 지사 비서실로 가서 지사께서 출근하기만을 기다렸다. 몹시 마음이 불안하고 초조해졌다. 일단 지사를 만나 나의 진정을 말씀드려야겠다는 생각만 했다. 한 10여 분의 시간이 흘렀을까, 마침내 지사께서 들어오셨다. 비서실장에게 사전에 양해를 구한 터이라 물어볼 것도 없이 지사를 따라 들어갔다. 지사께서 자리에 앉기도 전에 다짜고짜로 말을 꺼냈다.

"지사님! 아침 일찍 죄송합니다. 드릴 말씀이 있어서 왔습니다. 저를 이번에 국장으로 발령해 주셔서 정말 고맙습니다. 사실 저는 이번 인사가 있기 한 달여 전부터 지사님을 뵙지 않았습니다. 국장 승진 대상자를 놓고 평소에 지사님께서 보시고 생각하시는 바에 따라 판단하실 건데 인사 때라고 해서 정색을 하고 자신을 승진시켜 달라는 말씀은 차마 드릴 수가 없었습니다. 또 대내·외적으로 많은 청탁을 받으실 것인데 저까지 찾아와 승진을 부탁하면 지사님 마음이 편치 않을 것 같아서 자제했었습니다. 심지어 청 내 복도나 계단 등을 오르내리다가 먼발치로 지사님을 발견하고서는 일부러 몸을 사려 지사님을 피하기까지 했습니다. 그뿐만이 아닙니다. 결재를 받을 사안이 있어도 국장을 통하여 지사님 결재를 받기도 했습니다. 이게 저의 진정입니다. 이런 저의 진정이 지사님께는 교만과 무례로 비쳤다면 헤아려 용서하여 주시기 바랍니다."

나는 마치 준비한 원고를 읽는 듯 쉬지 않고 일사천리로 말을 건넸다. 엉겁결에 눈을 지그시 감고 내 말을 듣던 지사께서 말이 끝나자마자 오른손 바닥으로 테이블을 내리쳤다. 순간 나는 가슴이 철렁 내려앉았다. 깜짝 놀라서 숨이 멎는 줄 알았다. 아침 일찍부터 예고도 없이 출근하자마자 따라 들어와 양해도 구하지 않고 일방적으로 지껄여댄 나를 무례하고 불쾌하다고 생각한 나머지 버럭 화를 내는 줄 알았다. 보통 사람의 생각으로는 그게 맞는 생각일 것이다. 그런데 예상과는 달리 "그래서 내가 당신을 선택한 거야!"라고 말하면서 나를 바라보았다.

"열심히 해요."

"알겠습니다. 감사합니다."

그 순간 나는 안도와 감동이 뒤섞인 채로 두 눈에서 눈물이 흘러내리고 있었다. 너무나 뜻밖이고 너무나 아름다운 감격의 순간이었기 때문이다. 그 자리에 엎드려 큰절이라도 하고 싶은 감정이 솟구쳐올라왔다. 나는 속으로 '이럴 수가 있을까? 이런 일도 있는가?' 라고 생각하며 허리를 90°로 굽혀 지사께 인사를 올리고 지사실을 미끄러지듯 빠져나왔다.

사무실로 돌아와 자리에 앉아서 한참 동안 생각에 잠겼다. '요즘 같은 세상에 이런 일도 있구나!' 하면서 벅찬 감동을 가라앉히고 있었다. 상당수의 선거직 자치단체장들이 자기 사람 심기에 교묘한 방법을 다 동원하는 판에, 온갖 청탁과 압력이 난무하는 판에 마음을 비우고 청탁을 배제하고 아무런 의사표시도 하지 않은 사람을 어떻게 그렇게 과감하고 단호하게 소신 발령을 할 수 있단 말인가? 더구나 정치인으로서 자기가 소속되어 있는 정당 대표의 청탁을 어떻게 뿌리칠 수 있겠는가? 정말이지 지사의 결단과 의지에 놀라지 않을 수가 없었다. 내가 만일 지사라면 그렇게 할 수 있겠는가? 나는 그때 진정으로 참된 지도자를 보았다. 이 시대에 흔치 않은 훌륭한 상사를 만났다. 그 이후로 나는 지사의 지시에는 조건 없이 청종했다. 하나를 보면 열을 미루어 짐작할 수 있을 만큼 내 안에 신뢰를 심어준 분이었기 때문이다.

(2011. 1. 30.)

공무원은 도둑놈

국민의 정부 시절 한국정신문화연구원에서 국민 설문 조사 결과 응답자의 93.3%가 공무원의 부정부패가 심각한 것으로 나타났다고 발표한 적이 있는데 그 여파로 국민의 머릿속에 '공무원' 하면 우선 떠오르는 게 '도둑놈'이라고 인식하고 있다는 것이다. 그런 시각에서 보면 나도 영락없이 도둑놈인 셈이다. 아이러니한 것은 그런 도둑놈을 못 만들어서 안달이고, 도둑놈 되기 위해서 안간힘을 다하는 것을 보면 이상한 일이다. 왜냐면, 대다수 국민의 직업 선호도에서 '공무원'이 상위권을 차지하고 있기 때문이다.

한국정신문화연구원의 당시 설문조사 결과는 부정부패가 심각한 공직 분야로(복수응답) 정치권을 꼽은 응답자가 76.1%로 가장 많았으며 경찰과 검찰 26.8%, 행정부 23% 순으로 나타났다는 것이다. 그런데도 전체 공무원의 부정부패에 대한 국민의 인식인 양 발표한 것은 모든 공무원을 싸잡아서 모독하는 처사로밖에 볼 수 없다. 참으로 어처구니없고 허탈하며 기가 막힌 일이다.

또한 제한적인 설문조사 결과를 모든 국민의 생각인 것처럼 발표하는 것도 무책임한 처사다. 공무원으로 산 사람들이나 현재 공무원인 사람들의 사기를 이처럼 여지없이 땅에 떨어뜨려 놓고 정부는 어쩔 셈인가 모르겠다. 특정 정부를 꼬집으려는 의도는 없지만, 국민의 정부처럼 공무원 사기를 땅에 떨어뜨린 정부는 없었다. 공무원의 인격은 철저히 무시당했고 명예를 먹고 사는 대다수 공무원은 할 말을 잃었다. 국민의 정부가 공직 기강 쇄신책으로 내놓은 '공직자 10대 준수사항'이란 이른바 공직자 십계명의 내용을 보면 경조사 통보 및 축의금 · 조의금 접수금지, 화환 · 화분 수령 금지 등을 골자로 한 것이었다. 경조사비는 고질적인 문제라며 이것을 해결하지 않으면 공직사회의 청렴성을 실현하는 데 문제가 많다고 당시 대통령께서 인식하였다.(1999. 6. 26자 ≪한국일보≫ 8면 〈여與 '공직자 10계명' 냉가슴〉이란 기사 참고) 그러나 이 정책은 철저하게 공무원의 사기를 꺾는 정책이었다. 한결같이 지켜질 가능성이 거의 없는 조잡한 규제들이었고 관혼상제의 관행을 마치 공무원 부조리의 온상으로 인식한 것부터가 부조리 방지대책으로 편협하고 저급한 것이었다. 당시 중앙부처의 한 공무원은 "요즘 정부가 공무원이란 이름 자체를 마치 무슨 범죄 집단의 이름처럼 여기고 있다. 요즘 같으면 가족 볼 낯도 없고 공무원 하고 싶은 생각도 달아났다."고 말했다. (1999. 6. 26 자 ≪한국일보≫ 2면 〈기자의 눈〉 기사 참고) 공무원으로서 느낀 모멸감과 좌절감은 지금까지도 가라앉지 않는다.

세상이 바뀌어도 정부는 변하지 않았다. 사회기강 확립 명목을 내세우면 어김없이 희생타로 공직사회를 겨냥했다. 공무원 집단이 척후병으로 희생양이 된 것이다. '철밥통', '복지부동', '복지안동'이란 그럴 듯한 신조어로 공무원을 매도하고 나선 것이다. “공무원은 봉급만 갖고 살아야 한다.”, “공무원은 상전이 아니다.”라고 할 정도로 공무원 집단을 부패의 온상으로, 권위적 조직으로 싸잡아 매도했다. 행정부의 수반과 공무원 조직을 책임 있게 이끌어야 할 분들의 공무원을 바라보는 시각이 이러했다. 마치 모든 공무원이 봉급 이외의 다른 부수입으로 사는 것처럼 말하고 모든 공무원이 상전처럼 대접이나 받고 있는 것으로 말하는 것은 공무원을 인식하는 출발부터가 잘못되었다. 그런 식으로 공무원을 매도하였으니 국민의 머릿속에는 당연히 공무원 하면 도둑놈이란 생각이 떠오를 수밖에. 정부가 공무원에 대한 대국민 홍보(?)를 아주 잘한 것이다. 이쯤 되면 공무원들은 사실이든 아니든 별수 없이 싸잡아서 도둑놈으로 낙인이 찍힌 것이다. 말할 것도 없이 공무원의 사기는 말이 아니고 인격은 깡그리 무시당했다. 그러다 보니까 여기저기서 공무원의 사기를 높여야 한다는 목소리가 나오기 시작했다. 오죽했으면 뒤늦게 대통령까지 나서서 5년 이내에 중견기업 수준으로 월급을 올려 주겠다고 말했겠는가. 병 주고 약 주는 식의 말이다. 매도당하고 무시당한 인격을 급여 인상으로 치유하겠다는 발상이다. 그렇게 공무원 문제를 간단하고 단순하게 인식하고 있다. 이미 설득력을 잃고 신빙성을 잃었다.

1999년 7월 29일 자 ≪경향신문≫ 7면 오피니언 란에 실린 두레마을 대표 김진홍 목사의 〈공무원 사기 높여 줍시다〉란 제목의 기사는 이런 내용이었다. ‘지난 몇 년을 돌아보면 온 나라가 마치 공무원들의 사기를 떨어뜨리기로 작정한 듯이 행동했다. 월급도 제자리에 묶인 채 일은 늘어났다. 개혁한답시고 공무원 사회를 송두리째 흔들어 놓은 데다 사정 바람을 일으켜 공무원 사회가 마치 떼도둑이나 되는 듯이 몰아댔다. 그렇게 하고서도 사기가 떨어지지 않기를 바라는 것은 순진하기보다 어리석은 노릇이다. 우리가 이나마 밥이라도 먹게 되기까지는 공무원들의 역할이 지대했다. 박정희 대통령의 근대화 작업 이래 이 나라를 일으킨 데는 자부심과 긍지를 품은 공무원들의 헌신이었다고 전문가들이 지적한다.'

국민의 정부 시절에 공무원들은 기말수당 일부와 체력 단련비를 반납해야 했다. 중 · 하위직 공무원들에게는 생활 보조금 성격의 돈으로 생계보조 수단이었다. 이들도 공무원이기 이전에 한 가정의 가장이고 자식을 키우는 부모이고 사회 구성원의 일원이다. 점심시간에 물로 배 채우는 공무원의 이야기, 도저히 생활이 안 돼서 부업 전선에 뛰어드는 공무원들의 아내 얘기는 결코 과장된 것이 아니다. 공직 생활을 마감한 지금 내 머릿속에 남아있는 지난날의 소회는 한마디로 쫓기듯 밤낮없이, 정신없이 산 것만 같다. 언제나 바쁘고 빡빡한 생활이었다. 1968년 공직에 첫발을 디딘 뒤 우리나라 근대화의 초석이 되었던 새마을운동 시절에는 산간오지는 물론 논 밭두렁을 타고, 들로 산으로, 강으로 바다로 밤낮없이 찾아다니며 일했다. 근무 시간이 따로 없었고 무한 봉사만 있을 뿐이었다. 때로는 농사꾼으로 때로는 계도자로 때로는 봉사자로 젊음을 다 바쳤다. 지방공무원은 중앙 정부의 정책을 실현하는 최말단의 집행 기능을 수행한다. 모든 정부 정책을 지역 주민에게 잘 전달하고 집행해야 하는 중요한 가교 역할을 하게 된다. 행정의 궁극적인 목표 달성 여부가 바로 지방행정 공무원에게 달려 있다고 해도 과언이 아니다. 지역 주민과 가장 밀착된 행정의 말초 신경이고 실핏줄 같은 역할을 하는 게 지방공무원이다. 그런 막중한 역할을 해야 할 공무원들이 도둑놈이 되어버렸으니 어쩌면 좋은가? 마치 진짜 도둑놈이 자기는 도둑질하고 살지만 자기 자식에게는 도둑질하지 말라는 것과 다를 게 무언가? 국민 앞에, 주민 앞에 말발이 서고 믿음이 가겠는가? 한심할 노릇이다.

사글셋방으로 전전하며 근검절약하고 자제하며 공무원이기 때문에 불평도 못하고 속으로 삭이고 참고 견디면서 묵묵히 일해온 대다수 공무원들이 도둑이 된 참담한 심정을 어떻게 표현해야 좋을지 모르겠다. 물론 공직자가 모두 다 청렴하고 결백하다는 것은 아니다. 속담에 '미꾸라지 한 마리가 온 방죽을 흐리게 한다.'는 말이 있다. 어떤 집단이건 간에 그 집단의 취지에 어긋나는 행동을 하는 사람이 있기 마련이다. 소수의 잘못된 행동으로 그 집단을 싸잡아 그릇된 평가를 내리는 것은 분명 오만이다. 회사로 보면 공무원은 사원이고 행정부의 수반은 사장이다. 사장과 사원 간의 신뢰가 무너지면 회사는 끝장이다. 공직사회는 반드시 개혁해야 한다. 문제를 잘 파악하고 분석해서 근본적인 대책을 마련하여 처방하면서 미래를 바라보고 추진해야 한다. 싱가포르는 공무원들에게 최고의 대우를 하는 대신 부정에 연루되면 잔혹하리만큼 엄하게 다스린다고 한다. 참고되었으면 좋겠다. 하루속히 벼랑 끝까지 떨어진 공무원의 명예를 회복시켜서 그들이 자부심과 긍지를 갖고 헌신과 봉사로 국가와 민족을 위해 고민하고 정열을 쏟을 수 있도록 해주면 좋겠다.

(2009. 7. 17.)

근무처 여고

나는 고등학교 3학년 때 5급 을류(지금의 9급) 공무원 공개경쟁시험에 합격하여 1968년 9월 21일 자로 임용 발령을 받았다. 최초 임지는 전라북도 부안군 부안읍사무소였다. 그 당시 토목직 공무원이 갈 수 있는 최말단기관이었다.

읍면동 사무소는 조장행정 기관으로서 정부 조직의 말초조직이라 할 수 있다. 하는 일은 각자 분장사무가 있어 고유 업무를 추진하는 것 외에 종합행정 체제라서 담당업무 말고도 현안 업무를 함께 처리해야 했다. 읍면장이 판단해서 우선으로 처리할 일이 있으면 직원들을 총동원하여 그 일을 추진했다. 이른바 새 떼 몰이 식 행정이다. 그러니까 직원들은 모든 업무처리에서 피동적일 수밖에 없다. 자기의 계획과 의지대로 일하는 게 아니라 읍면장의 지시대로 움직이고 일을 해야 하기 때문이다. 그야말로 일방적이고 지시 일변도였다. 심하게 말하면 이유가 없었다. 시키는 대로 해야만 했다. 그런 속에서도 자기가 맡은 업무는 언제든 어떻게든 처리하여야 한다. 또 당면 업무 추진을 위한 각종 회의가 늦은 밤이건 새벽이건 시도 때도 없이 수시로 열렸다. 아주 신물이 날 정도였다. 그러다 보니 새벽에 출근하거나 밤늦게 야근하는 것을 밥 먹듯 했고 토요일 일요일 근무가 비일비재했다. 출퇴근 시간이 따로 없었다. 법으로 정해진 공무원의 출퇴근 시간은 그냥 말뿐이고 형식에 불과했다. 오히려 그런 규정이 있는 것이 마음속으로 거슬렸고 스트레스만 쌓이는 요인으로 작용했다. 그렇다고 해서 특근이나 야근 수당 같은 것도 없었다. 한마디로 말해서 일은 시키는 대로 하고 월급은 주는 대로 받아야 했다. 또 본인의 의사와는 상관없이 각종 명목으로 월급에서 떼어 가는 것은 어찌나 많았는지 모른다. 그렇지 않아도 말 그대로 쥐꼬리만 한 월급은 이것저것 제하고 나면 남는 게 정말 형편없었다. 날만 새면 종합행정 담당 마을로 출장 가는 게 근무의 거의 전부였다. 낮 동안에 사무실에 앉아서 사무를 처리하는 것은 아주 급한 일이 있거나 특별한 경우가 아니면 드문 일이었다. 현지 출장 결과를 밤늦게 복명해야 하고 이른 아침에 출장 요령에 대한 지시를 듣고 출장 가는 게 일상이었다.

농촌에서는 겨우내 영농 교육을 받는 등 이듬해의 영농을 위한 각종 준비를 한다. 그러다가 해마다 입춘 무렵이 지나면서부터는 본격적으로 일손이 바빠지기 시작한다. 읍면 직원들의 일상도 농촌의 영농기에 맞춰진다. 볍씨 담그기부터 못자리 설치, 병충해 방제, 수확, 공판에 이르기까지 농민들과 함께 영농을 지도하며 한 해를 보낸다.

나는 1970년 5월 15일 자로 당시 5급 을류에서 갑류로 승진했다. 내가 공무원 생활을 시작한 이후 처음으로 승진하였던 것이다. 공무원으로 신규 임용된 지 1년 8개월 만이었다. 나는 그날도 어김없이 담당 마을에 출장해서 논밭 두렁을 타고 다니며 농민들과 함께 하루를 보내고 저녁 무렵에 사무실에 돌아왔다. 사무실에 들어오자마자 총무계장이 나를 불렀다. 하는 말이 내가 승진했다는 것이었다. 그러면서 임용장을 건네주었다. 임용장을 받아들고 내용을 보니까 승진된 날짜가 열흘이나 지난 뒤였다. 나는 입이 딱 벌어지고 말았다. 아니 이럴 수가 있는가. 임용장의 수여나 교부는커녕 승진 날짜가 지난 뒤에 공문으로 임용장을 첨부하여 뒤늦게 승진 사실을 알려온 것이다. 그 바람에 나는 이미 열흘 전에 승진되었음에도 그 사실을 모르고 있었던 것이다. 참으로 어처구니없었다. 나 자신이 무능한 바보가 된 느낌이었다. 설상가상으로 근무처를 보니까 한글로 '근무처 여고'라고 쓰여 있었다. 어안이 벙벙해서 말이 나오지 않았다. 기가 막혔다. 속으로 울화가 치밀어올랐지만, 꾹 참고 한숨을 돌린 다음 조용히 총무계장에게 "아니 이럴 수가 있습니까? 왜 내가 여고女高로 가야 합니까?"라고 물었다. 당시 나의 정황으로 보아 상당히 불만 섞인 볼멘 어투였을 것이다. 그랬더니 총무계장께서 가까이 오라는 것이었다. 그리고는 흰 종이에다 대고 한자로 如古라고 쓰셨다. 나는 그 글자를 보는 순간 바로 의문이 풀렸다. 그러면서 여고라는 말은 한자로 같을 여, 옛 고로서 전과 같다는 뜻으로 여고女高로 가는 게 아니라 현재대로 읍사무소에 근무하라는 뜻이라고 설명해 주셨다. 정말 실소를 금치 못할 일이었다. 그 당시 내 모습을 지켜보았던 몇몇 직원들은 속으로 많이 웃었을 게 틀림없다. 무슨 이유로 여고女高로 가야 하느냐고 정색을 하면서 따지듯 물었던 내가 여지없이 웃음거리가 되고 말았을 테니까.

나는 초등학교를 졸업하고 집안 사정 때문에 곧바로 중학교에 진학하지 못하고 1년간 쉬게 되었다. 그 사이에 동네 사랑방에 개설된 서당에 들어가 한문 공부를 한 적이 있다. 무작정 한자를 쓰고 외웠다.

얼마가 지난 뒤에는 서당 선생님의 지도에 따라 어설프지만, 한시를 지어보기도 했다. 그리고 그 이듬해에 중학교에 입학하였다. 그 당시 내가 다니던 중학교에서는 국어 시간에 선생님께서 일일이 칠판에 판서를 하셨다. 그런데 나는 한글 낱말 다음에 괄호로 한자만 써 넣으면 그 낱말의 뜻은 노트에 적을 필요가 없을 정도로 뜻풀이가 되었다. 중학교에 입학하기 전에 한 한문 공부 덕이었다.

그런 내가 공무원 초년병이었다고는 하지만 어처구니없는 무식(?)을 드러낸 셈이다. 한자漢字는 뜻글자다. 글자 한 자 한 자에 뜻이 내포되어 있어서 그 글자를 씀으로써 의미를 나타내게 된다. 그런데 우리말이나 글은 한문으로 이루어진 것이 많다. 따라서 한글과 한자를 같이 쓰지 아니하면 그 뜻이 얼른 와 닿지 않거나 도대체 무슨 말인지 이해되지 않는 경우가 상당히 많은 게 사실이다. 내가 범했던 무지도 비단 나만의 문제로 치부할 수는 없을 것이다. 쉬운 예로 글 쓰는 사람들이 흔히 쓰는 '퇴고'라는 말을 보자. 한글로 퇴고라고만 쓰면 아마 보통 사람들이 쉽게 이해하지 못할 것이다. 이 말은 한자로 推敲라고 써 놓아도 잘 이해되지 않는 말이다. 왜냐하면, 한자의 뜻으로도 해석되지 않는 일종의 고사에서 유래한 말이기 때문이다. 또 '초고'라는 말을 보자. 한자로 草稿는 초벌로 쓴 최초의 원고라는 의미이고 礎稿는 퇴고하는 바탕이 되는 원고를 뜻한다. 이와 같은 사례는 참으로 많다. 나는 우리글의 흠이나 맹점을 꼬집자는 것은 절대 아니다. 그러나 한글만으로는 의미의 표현이 불충분하고 의사 전달이 명확하지 않은 경우가 있는 게 사실이다. 그렇다고 해서 이와 같은 사실을 간과해서는 안 된다. 어려운 한자어로 된 낱말을 우리말로 고치고 만드는 노력이 있어야 한다. 예를 들면 '근무처 여고'는 '근무처 전과 같음'으로 '퇴고'

는 '고치고 다듬음' 정도로 하면 좋을 성싶다. 우리말을 사랑하는 차원에서도 이와 같은 노력이 있어야 하고 쉽고 편리한 의사소통을 위해서도 꼭 필요하다.

나는 40년의 공직 생활을 하는 동안 '근무처 여고'라는 임용 발령을 여러 번 받았었다. 그때마다 최초 승진 발령을 받았을 때가 떠올라 속으로 쓴웃음을 짓곤 했다. 공직 생활을 그만둔 지금까지도 그때 일이 잊히지 않는다.

(2010. 2. 26.)

닭서리 재판

1976년인가 확실치는 않다. 나는 가족의 일로 법정을 방청할 기회가 있었다. 대다수 사람이 그러하겠지만, 재판 과정을 알려고 하지도 않고 잘 알지도 못한다. 나 역시 생소하고 재판 과정을 지켜보는 것은 난생처음이었다. 그때까지만 해도 막연히 법정은 엄숙하고 법조인은 근엄할 것이라는 선입견이 있었다. 그 중에서도 법관은 모든 분야에서 보통사람들보다 월등히 빼어난 상징적인 존재로 생각했다. 그때 방청했던 공판 심리경 하나가 지금도 잊히지 않는다. 그 사건의 경위나 그때까지의 진행 과정은 물론 알 수 없었다. 다만 심리 내용만을 들어서 대충 짐작하고 있었을 뿐이다. 지금은 고인이 된 판사다. 가족의 판결을 그 판사가 하기로 되어 있어서 나는 그 판사를 조금은 알고 있었다. 갓 불혹을 넘긴 나이였다. 공판 심리 내용을 들어보니까 닭 서리한 사건인 듯했다. 근엄하게 법복을 입은 판사가 단위 판사석에 앉아 있었다. 원고는 진 남색 바지에 넥타이를 매고 콤비를 차려입은 50대 후반쯤으로 보였다. 원고가 방청석 맨 앞쪽에 나타나자마자 다짜고짜로 판사가 하는 말이 "그래 얼마면 되겠어? 얼마 물어주면 돼? 그까짓 것 닭서리 좀 한 것 갖고 여기까지 와야 혀! 나도 어릴 때 크면서 닭서리해 봤어. 말해 봐. 얼마 주면 될 것인가?"

원고는 아무 말도 못하고 그냥 고개를 숙이고 있었다. 그러자 판사가 다시 말했다.

"알았어. 내가 알아서 해 줄게. 들어가!"

나는 그때 그 광경을 지켜보면서 어안이 벙벙해서 말이 나오지 않았다. 내가 생각하고 있는 법정이 아니고 재판도 아니었기 때문이다. 인륜도 아니었다. 인권을 가장 먼저 보호해야 하는 법원이고 법조인일 텐데 그렇게 함부로 막말해도 되는지 이해되지 않았다. 엄밀히 따지면 원고의 잘못이 무엇인가 판사의 견해로는 닭서리 정도 같은 일을 사건화해서 법정까지 끌고 왔다는 것 자체가 옛 우리의 정서상으로는 맞지 않다고 생각한 나머지 괘씸한 생각이 있었는지는 모르겠다. 그러나 닭서리도 정도 문제이고 정서적으로 그렇다고 해서 마치 원고가 잘못이나 한 것처럼 나무라는 식으로 질타하고 인격을 깡그리 무시하는 처사는 어떤 식으로도 용납될 수 없고 이해할 수 없는 일이다. 더구나 한눈으로 보아도 15년 정도는 차이가 나 보이는 원고에게 함부로 막말하는 처사는 어느 나라 정서인지 묻고 싶었다.

최근 판사의 막말이 파문을 일으키고 있다. 2009년 4월 서울중앙지방법원의 법정에서 39세의 판사가 69세의 노인 원고에게 "어디서 버릇없이 툭 튀어나오느냐?"고 말한 것이 인권 침해에 해당한다며 국가 인권위원회가 서울중앙지방법원장에게 재발방지를 권고했다는 것이다.

이 사실이 알려지면서 판사들의 막말이 사회적 문제로 부상하고 있다. 법정에서 판사들로부터 막말 등으로 모욕을 당했다는 상담과 진정이 국가 인권위원회에 적지 않게 접수되었다고 한다. 2007년부터 2009년 말까지 접수된 도를 넘은 권위주의적인 법정 언행 사례를 보면 '차렷, 열중쉬어, 앉아, 일어서, 90도로 인사 못해요.' 등 명령 투의 말은 물론 '부도난 사람이 얼굴색도 좋다, 법을 모르는 사람이 소장을 작성했다, 소를 제기할 자격이 없다.' 등 모욕적인 언사가 대부분이라고 한다. 이번 '버릇없다.'고 질책한 판사의 막말 파문에 대한 인권위의 발표 후 이틀 사이에 판사에게서 인격권을 침해당했다고 신청한 상담이 5건 정도 추가로 인권위에 접수되었다고 한다. 인권위 관계자는 접수된 상담사례는 사법부에 대한 사실관계가 입증된 것은 아니지만 판사의 지나친 권위에 대하여 불만을 느끼고 있다고 해석할 수는 있다고 말했다. 인터넷 온라인상에는 '속이 후련하다.'는 내용의 격려가 잇따르고 있다고 한다. 판사의 막말 파문에 이어 검사의 막말도 도마에 올랐다.

2010년 2월 7일 국가 인권위원회가 1년간 받은 인권 침해 상담 내용을 기관별로 정리한 ≪인권상담사례집≫ (≪동아일보≫ 2010. 2. 10. A12면 참조)에 따르면 2007년 7월~2009년 6월 사이에 검찰과 관련한 상담 신청이 516건인데 검찰 관계자들이 조사 과정에서 진행하는 폭언과 폭행사례가 담겨 있다고 한다. 사례를 보면 2007년 5월 모 검찰청의 수사관에게서 출석 요청을 받고 집을 나오던 중 집 앞에서 대기하고 있던 수사관 7명에게 전기 충격기와 쇠파이프 등으로 엉덩이 가슴 부위를 수차례 구타당했다는 주장이 있는데 그가 이송된 뒤 "폭행으로 몸이 아파 죽겠다."고 말했더니 검찰 수사관이 "뒈져라." 는 폭언을 했고, 한 신청인은 2006년 9월 모 지방검찰청 검사에게서 조사를 받으면서 "이 XX가 여기가 어딘 줄 알고 검사에게 훈계하려 들어! 네

놈 아주 건방지구나."라는 말을 들었다고도 했다. 이 밖에도 "너 죽으려고 환장했어?", "네 성씨는 머리가 너처럼 둔해?"라고 수사와 상관없는 모욕적인 발언을 했다고 한다. 이에 대하여 검찰은 "주장하는 내용이 사실과 다른 부분이 많고 수사 관행이 많이 개선돼 현재와 비교하는 것은 곤란하다."고 밝혔다고 한다. 물론 모든 판 · 검사와 검찰 수사관들의 행태가 다 그렇다는 것은 아니다. 미꾸라지 한 마리가 온 방죽 물을 다 구정물로 만든다는 말이 있다. 비록 소수이고 또 그 내용들이 사실과 다소 다를지라도 분명한 것은 판 · 검사이고 검찰수사관들이다. 아니 땐 굴뚝에 연기 날 리도 없다. 당사자들은 말할 것도 없고 법과 질서를 존중하고 인권을 보호하여야 하는 모든 법조인이 함께 자성하고 개선하는 각고의 결심이 있어야 할 시점이다. 이와 함께 우리 사회에 만연된 막말 현상을 포괄적으로 진단 분석하여 제도적 · 교육적 개선책도 마련했으면 한다.

전문가들은 이와 같은 현상을 서로가 존중하지 않는 소통방식과 시민의식이 성숙하지 못한 사회현상으로 보고 인간의 존엄성과 제대로 된 인격형성 교육이 절실하다고 말한다. ≪동아일보≫ 권순택 논설위원이 쓴 글(2010. 2. 5. A30면 참조)을 보면 미국 연방법원 에드워드 데빗 판사는 1979년에 신인 판사들을 위한 십계명을 만들었다고 한다. '친절하라, 인내하라, 위엄을 갖춰라, 자아도취에 빠지지 마라, 상식을 존중하라.' 등이 그것이다. 검사와 변호사 중에서 판사를 뽑는 미국, 10년간 판사 보를 거치도록 하는 일본의 판사 임용제도는 판사의 경륜이나 경험을 얼마나 중시하는가를 단적으로 보여주는 좋은 사례다. 2009년 우리나라 신임판사 92명의 평균 연령이 28.8세였다. 그 중 43%가 27세였고 25세의 여성 판사도 5명이었다. 사법시험에 합격한 뒤 2년 동안 사법연수원 과정을 마친 엘리트들이다. 그러나 대부분 공부 말고는 이렇다 할 경륜과 경험 없이 판사가 되는 게 사실이다. 젊은 판사를 양산하다 보니 사회에 대한 이해 부족으로 국민의 법 감정이나 상식과도 거리가 먼 판결이 나온다는 분석도 설득력을 얻고 있다. 상식의 집합이 법이라는 말도 있다.

한자漢字의 법法자는 물(氵 : 물 수)이 흐르는(去 : 갈 거) 것을 의미한다. 물은 높은 곳에서 낮은 곳으로 흐른다. 자연의 순리이다. 따라서 법이라는 잣대는 순리를 거슬러서는 안 된다. 상식을 벗어나서도 안 된다. 또한, 법은 인간 사회의 규범을 정한 것이다. 우리 정서에 맞는 예절도 우리 민족의 불문법이라고 생각한다. 나는 법에 대하여 문외한이다. 그러나 나는 감히 말한다. 법조인이 먼저 법의 정신을 잘 이해하고 법질서 확립에 앞장설 때만이 법치국가, 법치사회가 건설될 수 있다고.

(2010. 2. 10.)

이코노미석을 탄 대통령

어느 나라든지 대통령은 그 나라의 최고 지도자인 동시에 권력자다. 옛날로 말하자면 한 나라의 제왕이고 임금이다. 동서를 막론하고 그 시절 그들의 권력은 절대적이고 무소불위無所不爲였다. 국가에 따라서 정도의 차이는 있을 수 있지만, 현대에도 본질적인 측면에서는 크게 다르지 않다. 그러므로 한 나라의 흥망성쇠는 어떤 지도자를 선택하느냐에 따라 좌우되고 국리민복國利民福이 최고 지도자에 달려 있다고 해도 과언이 아니다. 그러기 때문에 수준 높은 성숙한 국민일수록 나라의 지도자를 선택함에서 여러모로 많은 검증과정을 거쳐 선출한다. 대통령은 막강한 권력이 있기 때문에 누릴 수 있는 특권도 많다. 그래서 정치를 하는 사람들은 한결같이 대통령이 되려고 하는 것이 아닌가.

원래 인간은 다스리고 군림하려는 속성이 있다. 특히 지도자는 더더욱 그렇다. 나는 오늘 보도를 통해서 아주 특별한 대통령을 접하고 잔잔한 감동을 받았다. 이색적인 대통령의 행보에 적이 놀라지 않을 수 없었다. 화제의 주인공은 페루의 알란 가르시아(Alan Garcia Prez : Alan Gabriel Ludwig Garcia Prez) 대통령이다. 그의 이력을 보면, 1949년 5월 23일 페루의 수도 리마에서 출생했다. 그의 아버지도 APRA(American Popular Revolutionary Alliance : 미주인민혁명동맹) 간사로 활동한 정치인이었다. 그는 리마(Lima)에 있는 페루 교황청립 가톨릭 대학교(Pontitical Catholic University of Peru)에서 수학한 뒤 1971년도에 산 마르코스 국립대학교(National University of San Marcos)에서 법학 학사를 받은 다음 에스파냐의 마드리드 콤플루텐세 대학교(Complutense University of Madrid)에서 정치학 박사 학위를 받았다. 1973년에는 프랑스의 파리 대학교에 입학하여 사회과학을 공부하기도 했다. 1978년도에 고국에 돌아온 그는 1985년 4월 대통령 선거에서 당선되어(당시 나이 36세) 1990년 7월까지 5년간 재임하였다. 재임 기간 동안 국제통화기금이 그의 경제정책에 반발하여 외자 지원을 중단하였고 이 때문에 경제 파탄과 사회적 혼란이 계속되어 결국 실패한 대통령이 되고 말았다. 그 뒤 상원의원을 지내다가 대통령 재직 당시 부정축재와 공금횡령혐의로 기소되어 한때 프랑스로 망명하기도 했지만 2001년도에 페루대법원의 공소기각 결정으로 귀국해서 그해 대통령 선거에 출마하였으나 낙선했고, 2006년 대통령 선거에서 재선에 성공하여 21년 만에 다시 페루의 대통령이 되었다.

페루는 남아메리카의 태평양 연안에 있는 나라로서 에콰도르, 콜롬비아, 브라질, 볼리비아, 칠레 등과 접경을 이루고 있다. 면적은 한반도의 6배 정도 크기인 1,285.216㎢로 남미에서 3번째로 큰 나라이고 인구는 2,714만여 명이다. 젊은 세대에 의한 엄청난 출산율로 국민의 5분의 2 정도가 15세 미만이다. 지진이 잦은 편이고 기후도 지방에 따라 다양한 분포를 보이고 있어 자연 환경이 썩 좋은 나라는 아니다. 그러나 엄청난 양의 금, 은, 구리, 망간 등이 매장되어 있으며 석유와 천연가스도 많고 수력발전의 가능성도 커서 개발 잠재력이 큰 나라다. 국민의 절반 정도가 케추아 인디언이고 공용어로는 스페인어와 케추아어가 쓰인다. 종교는 90% 이상이 로마 가톨릭이다. 국민의 평균 수명은 남자가 58세, 여자가 62세이다. 어린이들 사이에서 영양 결핍이 심하여 유아 사망률이 높고 시골지역에는 물과 하수설비, 의료시설이 부족하다. 문맹률도 높아 성인 문맹 퇴치 프로그램과 기술교육이 우선적으로 시행되고 있다.

페루는 오랜 군부 통치가 끝나고 1980년도에 완전히 문민정부가 회복되었다. 우리나라와는 1963년 4월 1일 국교가 수립되어 현재 양국 모두 상주공관이 설치되어 있다.

2009년 11월 11일, 국빈 자격으로 한국에 온 가르시아 페루 대통령. 그는 12일 이명박 대통령과 정상회담을 마치고 곧바로 제17차 아 · 태 경제협력체(APEC)의 정상회의 참석차 한국을 떠나 싱가포르로 갈 예정이었다. 그런 그가 외교관례를 깨고 일정을 변경하여 하루를 한국에서 더 묵고 13일 오전에 출국하기로 했다. “한국에 와 보니 한강도 멋지고 모든 것이 너무 좋다.”고 하면서 정상회담 도중에 갑자기 하루를 더 묵고 가도 되겠느냐고 이 대통령에게 부탁했다고 한다. 가르시아 대통령은 이날 정상회담에서 “한국을 경제발전과 민주발전의 모델로 삼아 많이 배우고 싶다. 일본과 중국보다도 모든 것을 먼저 하고 싶다. 페루에 한국 산업센터를 건립해 주면 좋겠다.”고 하면서 에너지와 건설 관련 한국 업체의 적극적인 페루 진출을 요청했다고 한다.

가르시아 대통령은 전용기가 있지만, 남미대륙 내 인접 국가에 다닐 때만 전용기를 이용한다고 한다. 그는 이번 방한 때 페루의 리마에서 미국 뉴욕을 거쳐 첫 방문지인 일본 도쿄까지 오면서 뉴욕~도쿄 간을 일본항공 이코노미석 항공표를 끊었으나 대통령의 탑승을 확인한 일본항공 측이 국가원수 예우 차원에서 비즈니스석으로 바꿔 주었다고 한다. 이번에 가르시아 대통령과 함께 온 수행원도 외교장관을 포함하여 5명에 불과하다. 사실인지는 모르나 우리나라가 외국 국가원수의 방한 시 국가원수를 포함해 6명까지는 체류비용을 부담해주는 것을 고려한 것이 아닌가 하는 생각마저 든다.

가르시아 대통령은 "전용기에 수행원을 많이 데리고 외유에 나서면 50만 달러 정도가 드는데 이 돈이면 가난한 동네에 병원 하나를 세워줄 수 있는 돈이다."라면서 측근들에게 절약을 지시한 것으로 알려졌다. 그는 책을 통해서 한국의 지속적인 경제발전을 알았다면서 IMF 구제금융의 극복에 이어 지난해의 경제위기 상황을 잘 견뎌낸 한국 국민에게 경의를 표한다고도 했다. 그는 또, 페루에 진출한 한국 기업에 대하여 높이 평가하면서 앞으로도 더 많은 한국 기업의 투자를 요청했다고 한다.

페루는 지난해에 9.9%의 경제성장률을 보였고 내년에도 6%의 성장률을 달성할 것이라고 자신하면서 아직도 국민의 절반 가까이가 빈곤층이라서 빈곤 해소의 해법을 교육에 두고 국민교육 분야에 적극적으로 재정을 투입한다고 했다.

'라틴 아메리카의 케네디'로 불렸던 그는 자신의 씀씀이는 최대한 절약하지만, 자국을 방문하는 국빈에게는 융숭한 대접을 한다고 한다. 일국의 대통령으로서 무엇이 먼저고 무엇이 국익인가를 계산하는 전략적인 행동이다. 아직 후진성을 벗어나지 못한 나라지만, 그도 한 나라의 대통령이다. 그런 나라일수록 대통령이 사치하고 군림하기 쉽다. 그럼에도 그는 가히 파격에 가까운 서민적이고 실용적인 외교 행보를 하고 있음에 새삼 놀라지 않을 수 없다.

비행기의 이코노미(economy)석이 어떤 좌석인가? 우리가 잘 아는 것처럼 비행기에는 일반적으로 최고급 좌석인 퍼스트(first)클래스, 고급 좌석인 비즈니스(business)클래스, 일반석인 이코노미(economy)클래스가 있다. 나도 비행기를 타 봤지만, 이코노미석은 보통 사람들이 타는 최하위급의 좌석이다. 비행기를 오랜 시간 타고 가려면 이코노미석은 여간 불편한 게 아니다. 그런 삼등석을 대통령이 타겠다고 예약했다는 것은 정말 파격이다. 한두 시간도 아닌 긴 비행 시간을 불편한 좌석에 앉아서 다국적 일반 승객과 함께 타고 가겠다는 발상부터가 놀랍다.

대통령 전용기를 이용하지 않고 일반 항공기의 삼등석을 타겠다는 대통령. 아무리 생각해도 쉽게 이해되지 않는다. 어떻게 그런 생각을 했을까? 그런 생각을 실행에 옮길 수 있는 결단과 용기는 어디서 나오는 것일까? 정말 신선한 충격이고 잔잔한 감동이 아닐 수 없다. 가르시아 대통령이 본국 페루 국민에게 존경받고 사랑받는 대통령인지는 알 수 없다. 그러나 이번 방한을 통하여 비친 그의 단면을 보면 분명히 추앙받는 지도자임이 틀림없다. 국민소득 4,000달러의 어려운 경제 여건 속에서 가난에 허덕이는 국민의 삶을 염려하여 대통령의 위상과 체면도 아랑곳없이 청빈淸貧 외교 활동을 펼치고 있는 그가 조금은 측은하기까지 하다. 그가 훌륭한 지도자인지의 평가는 1차적으로 페루 국민의 몫이다. 하지만 이번에 우리가 본 그의 행보와 정신은 오늘날 국제사회에서도 보기 드문 경우라 여겨진다. 가르시아 대통령이 있는 한 페루의 장래는 결코 어둡지 않을 것이고 페루 국민은 결코 불행하지 않을 것이다.

국민을 위한다는 핑계로 당리당략과 명분 찾기에 급급한 작금의 진흙탕 같은 우리나라의 정치판을 보면서, 우리가 낯선 페루의 가르시아 대통령에게 존경과 동시에 연민憐憫의 정을 느끼는 것은 왜일까? 아마도 지금 우리는 오직 구국救國의 일념으로 나라를 위하고 국민의 삶을 걱정하는 헌신과 희생의 덕목德目을 갖춘 지도자를 갈망하고 있기 때문일 것이다. 경제적으로 어렵고 일자리마저 구하기 어려운 이때, 서민의 숨소리에 늘 귀를 기울이고 그들과 애환을 함께하면서 근심과 걱정으로 잠 못 이루는 진정한 이 시대의 정치지도자를 보고 싶다.

(2009. 11. 15.)

미국 그리고 클린턴

역시 미국이고 클린턴이다. 미국의 케이블 방송 '커런트 TV' 소속 한국계 유나 리, 중국계 로라 링 기자가 2009년 3월 17일 두만강 지역에서 북한군에게 체포된 뒤 이들의 석방 문제는 미국이 해결해야 할 최대 현안이 되었다. 북한의 장거리 로켓 발사와 2차 핵 실험과 맞물리면서 북미 관계의 변화를 가늠할 사안으로 떠올랐다. 그동안 미국에서는 여러 외교 채널을 동원해 여기자들의 석방을 촉구했지만 별 성과가 없자 특사 방북을 통한 해결방안을 검토하게 되었다.

북한은 지난 6월 8일 여기자를 재판에 부쳐 '조선 민족 적대 죄'와 '비법非法 국경 출입 죄'를 적용해 12년의 노동교화형을 선고했다. 예상 밖의 중형을 선고한 것이다. 그동안 북한은 미국과의 막후 협상에서 클린턴 전 대통령을 지목해서 방북을 요청한 것으로 알려졌다. 미국은 북한이 원하는 바에 동의하였으나 북한이 이를 빌미로 북핵北核 문제를 6자 회담 대신 북미 양자 협상으로 몰고 가려는 속셈이 보임에 따라 특사가 아니라 민간 자격의 대표를 파견하는 형식으로 북한의 요구에 응하기로 정부 차원의 결정을 내렸다.

클린턴 전 대통령은 전직 대통령으로서의 위상뿐만 아니라 순수한 민간인 신분이고 힐러리 클린턴 국무장관의 남편이라는 점에서도 양측의 의중에 딱 맞는 적임자였다. 또한, 클린턴 전 대통령 자신도 재임 말기에 북한 미사일 문제의 해결을 위해 방북을 추진했으나 무산된 바 있어 가보고 싶은 곳이고 역할도 여기자들의 구명이라는 인도적 차원의 임무라는 데에 흔쾌히 방북을 수락했다고 한다. 어쨌든지 북미 간에 의도가 맞았기 때문에 클린턴 전 대통령의 방북과 여기자들의 석방이 이뤄진 것만은 틀림없다.

그러나 이 과정에서 양측의 속내는 다른 것이 사실이다. 미국은 '자국민 보호'라는 대의명분을 분명히 했다. 자국민 보호를 위해서라면 어떠한 거물급 인사라도 어디든지 보낼 수 있는 게 미국이라고 강조한다. 자칫하면 북한 핵 문제 등 주요 현안에 대한 미국의 태도 변화로 비칠 것에 대한 분명한 태도를 보인 것이다. 이에 대해 북한은 미국의 오바마 정부가 들어선 직후부터 장거리 로켓 발사, 핵 실험 등을 통하여 계속해서 미국을 자극해 오다 지난 6월 13일 우라늄 농축 프로그램(UEP)의 존재를 시인하면서 대미 자극이 극에 달했고, 국제사회의 반발과 강력한 제재를 초래했다. 사면초가 상태에서 미국 여기자의 억류는 더 없는 미끼였다. 이를 계기로 미국의 화를 누그러뜨릴 수 있다고 인식했음이 틀림없다. 국제사회의 대북 제재라는 국면을 전환할 기회가 생긴 것이다.

빌 클린턴 전 대통령은 방북에 앞서 미 정부 당국자들에게서 여러 차례 브리핑을 받았으며 방북 사흘 전에는 힐러리 클린턴 미 국무장관과 함께 워싱턴 자택에서 브리핑을 받았다고 한다. 일종의 미국 정부의 입장 전달이고 주의사항을 당부하는 일일 것이다. 우리로서는 정서적으로 이해하기 어려운 대목이다. 이 사실만으로도 미국이 내세우는 순수한 민간 차원의 방북이 아님을 입증하는 대목이다. 또한, 미 정부 당국자들은 한국, 중국, 일본, 러시아 등 관계자들을 미리 만나 이번 클린턴의 방북이 핵 협상과는 관련이 없음을 알리고 이해를 구했다고 한다.

클린턴의 이번 방북은 '007작전'같이 이뤄졌다. 그가 타고 간 비행기는 국적이나 기종을 알 수 없게 흰색으로 도색된 미 군용기였으며 중간 경유지도 없이 직항으로 평양 순안 공항에 들어갔다. 방북 소식도 평양 도착 1시간 전에야 언론에 알려졌다. 북미 양측 모두 극비리에 클린턴의 방북을 추진했다. 보도를 통해 알려진 클린턴 방북 21시간을 보면 북미 양측이 극명하게 대조를 보였다. 그야말로 동상이몽同床異夢이었다. 건강 이상 설을 일축하고 건재를 과시하려는 듯 줄곧 미소를 짓는 김정일과는 달리 클린턴은 내내 굳은 표정을 지었다. 그의 방북 목적이 여기자 석방에 한정되었다는 무언의 결의를 다지는 듯이 꼿꼿했다. 마치 '내가 지금 여기자 석방이라는 아쉬움 때문에 당신하고 대좌하고 있지 그렇지 않으면 어림도 없지. 적어도 나는 당신하고 맞상대할 인물이 아니야.'라고 말하는 듯이 보였다. 속으로 클린턴은 불쾌하고 자존심 상했을지도 모른다. 북한으로서는 이참에 미국을 비롯한 국제사회에 김정일의 건강이 완전히 회복되었음을 알리고 만찬장에 군부의 실세를 참석시키지 않음으로써 호전적인 나라가 아님을 보여주려고 애쓴 흔적도 보였다. 미국도 내심으로 준비가 철저했다. 클린턴을 수행한 일행 가운데는 클린턴이 대통령 재임 시절 비서실장을 지냈고 버락 오바마 대통령 당선인 시절 정권 인수 팀장을 지낸 바 있는 존 포데스타 진보센터 회장이 있다. 포데스타는 클린턴의 핵심 측근인 동시에 오바마와 밀접하게 관련된 인물이라는 점에서 의미가 있다. 또 한반도 전문가로 데이비드 스트로브 전 국무부 한국과장도 동행했다. 방북단의 인적 구성으로 보아 미국으로서는 이번 기회에 억류된 여기자 석방뿐 아니라 북한 내부의 최근 정황을 철저히 파악하려는 의도가 깔렸음을 짐작할 수 있다.

2009년 8월 5일 억류되어 있던 여기자 2명이 석방되자 북한은 미국이 심심한 사과의 뜻을 표하고 인도주의적 견지에서 관대하게 용서해 달라는 간절한 요청을 정중하게 전달해 왔다고 발표하면서 북미 두 나라 사이의 관계개선 방도와 관련한 견해를 담은 버락 오바마 대통령의 구두 메시지를 정중하게 전달받았다고 했다. 이에 대하여 미국은 로버트 기브스 백악관 대변인을 통하여 "여기자 문제와 비핵화를 비롯한 다른 문제들은 별개 사안"이라며 오바마 대통령의 메시지가 전달됐다는 북한 매체의 보도를 강한 톤으로 부인했다.

나는 이번 북한에 억류되었던 여기자 2명의 석방을 보면서 크게 감명받은 두 가지가 있다. 그 하나는 자국민의 생명과 안전보장을 위해서는 국가적 체면이나 격에 맞지 않는 거물급 인사도 서슴없이 동원하는 미국은 역시 인권의 나라라는 것이다. 또 하나는 클린턴의 행보였다. 세계 제일의 나라 미국의 전직 대통령이라는 자존심을 의식하지 않고 솔선한 그가 우선 돋보였다. 우리가 아는 클린턴은 능수능란하고 화려한 말솜씨와 환한 미소의 소유자다. 그런 그가 이번 여기자 석방 구출 드라마의 주연 역할을 하면서 무거운 침묵을 지킨 것을 보면 충격적이다. 2명의 여기자와 함께 로스앤젤레스에 도착해서도 침묵은 계속되었다고 한다. 수다쟁이라는 말을 들을 정도로 말솜씨가 좋은 그가 여기자 구출 드라마가 끝나는 동안 내내 무표정과 침묵으로 일관한 무게 있는 행보는 잔잔한 감동을 주었다. 그 무표정·침묵 속에는 많은 의미가 함축되어 있음을 발견할 수 있었다. 물론 그의 무표정과 침묵은 다분히 계산된 의식적인 행동이었을 것이다. 헤프게 입을 열고 경박하게 웃음을 보였다가는 몰고 올 파장이 얼마나 클 것인가를 미리 계산한 '정치적인 쇼'일 수 있다. 그렇다고 해도 무표정과 침묵이 주는 메시지가 더 많은 의미를 담고 감동을 주었다면 쇼라도 환영할 일이다.

"내가 이번 여행에 대하여 어떤 말이든 하면 그건 잘못된 행동이다. 나의 임무는 하나였다. 미국인으로서, 아버지로서 젊은 여성들을 구해내고 싶었고 그 임무가 자랑스러웠다. 그 문제 이외의 어떤 것에 대해서도 내가 말한다면 미국이나 북한의 분위기와 결정, 동맹국들의 태도에 부주의하게 영향을 미칠 수 있다." 클린턴이 북한에서 돌아온 다음날인 8월 6일에 클린턴 재단의 에이즈 캠페인과 관련한 기자 회견에서 한 말이다. 매우 신중하면서도 조심스러운 말이다. 그는 이어 "나는 더는 정책 결정자가 아니다. 미국에 대통령은 한 명뿐이다. 내가 입을 열어 현 정부가 일을 다뤄나가는 데 제약이 되는 것을 원치 않으며 도움도 안 되고 필요하지도 않다."고 말했다. 그러면서 그제야 그의 특유의 환한 미소를 짓는 모습을 신문의 사진을 통해서 보았다.

유달리 클린턴이 멋져 보였다. 매력 있게 보였다. 성숙된 민주 국가를 보았고 겸손하고 큰 그릇의 사람을 보았다. 우리나라에도 130여 일이 지나도록 북한에 억류된 개성공단 근로자가 있고 '800연안호' 선원들이 있다. 김정일 위원장과 일면식도 없었던 미국의 클린턴 전 대통령이 억류 미국인을 구출하는데 하물며 우리나라에는 김 위원장과 구면인 전직 고위 인사들이 있음에도 아무런 역할도 하지 않고 침묵으로 일관하는 것을 생각하니 답답하기만 하다. 자존심과 체면도 불구하고 솔선하여 여기자 구출 드라마의 주연을 맡은 빌 클린턴을 보면서 우리의 모습이 왠지 떨떠름하고 부끄러워진다.

(2009. 8. 12.)

젊게 산다는 것

의술과 과학 기술이 발전함에 따라 인간 수명이 점점 길어지고 있다. 따라서 요즘에는 인생은 60부터라느니, 나이는 숫자에 불과하다느니 해서 나이 60 정도는 나이 든 축에 들지도 못한다. 대다수 사람들이 실제로 정년 이후 인생을 젊고 보람되게 살려고 안간힘을 쓴다.

세상을 사는 방식이 사람마다 다 다를 것이다. 어떤 사람은 주어진 환경에 긍정적으로 수긍하며 살고, 또 어떤 사람은 주어진 환경과 여건에 구애됨이 없이 개척하며 산다. 물론 자신의 취향에 따라 선택하며 사는 것이다. 어떻게 사는 것이 옳게 사는 것이라고 단정지을 수는 없다.

우리는 엄청난 변화 속에서 살고 있다. 변하지 않는 것이 없다. 변화에 민감하지 않고 능동적으로 대처하지 않으면 낙오되고 침체할 수밖에 없다. 변화 속에서의 삶을 살려면 늘 도전하고 개척하지 않으면 안 된다. 미래는 항상 개척하고 도전하는 자의 몫이다. 콜럼버스와 같은 개척자가 없었다면 아메리카 신대륙은 발견되지 않았을 것이고 청교도들의 개척 정신이 아니었다면 오늘의 미국은 없었을 것이다. 인류의 역사가 기록될 수 있었던 것도 개척자와 지배자가 있었기 때문이다. 그래서 역사는 항상 승자의 편에서 승자가 기록할 수밖에 없는 것이다.

누구나 여생을 보람되고 알차게 보내기를 바란다. 짧은 게 인생인데 주어진 여건에 적당히 맞춰 사는 게 현명하다고 할지 몰라도 인생이 짧아서 더 알뜰하고 보람 있게 살아야 한다. 인생의 황혼 즈음에, 지나온 삶을 뒤돌아봤을 때 나름대로 알차고 보람 있었다고 자평할 수 있는 삶이어야 후회가 덜할 게 아닌가. 사는 동안 다소 힘들고 어렵더라도 최후의 웃는 자가 진정한 웃는 자라는 말처럼 인생 마지막에 웃을 수 있는 사람이 성공한 인생을 산 사람일 것이다.

삶을 개척하며 사는 것은 어떻게 사는 것일까? 그것은 젊게 사는 것이다. 청년기는 젊은 시절이고 청년의 마음은 젊은 마음이다. 청년의 정신은 신선하고 건강하다. 희망이 있고 패기가 있다. 진취적이고 미래 지향적이다. 시대와 사물에 대하여 비판적이고 변화 성향이 강하다. 청년은 현실에 만족하지 않고 항상 더 큰 미래를 꿈꾼다. 안주하지 않고 새로운 세상을 향하여 쉬지 않고 꿈틀거린다. 이것이 젊은 청년의 특징이다. 나이가 들어가면서도 인생을 젊은 정신으로 개척하고 도전하며 사는 것이 젊게 사는 것이다. 육체의 쇠락이 정신까지 동반해서 나약하게 만드는 것은 막아야 한다. 선입견과 편견은 버려야 한다. 정신 건강을 육체와 별도로 생각해야 청년의 정신을 잃지 않는다. 물론 쉽지 않은 일이다. 그렇지만 연습을 해보고 다시 살 수 없는 게 인생이다. 시행착오를 거쳐 성공적인 삶을 살 수 없는 게 인생이다.

변화와 도전을 두려워하면 장래가 밝지 않다. 요즘에는 젊은이들조차 안주하려는 경향이 있는 것 같다. 이러한 사고는 자신의 미래를 위해서나 지역 사회와 국가를 위해서도 바람직한 현상이 아니다. 젊음이 아름답고 부러운 것은 젊은이다운 데에 있는 것이다. 청년은 나라의 기둥이고 미래이며 자원이다.

나이가 70이 되고 80이 된 사람을 젊다고 말하지는 않는다. 하지만 나이에 비하여 젊게 산다고는 말한다. 그렇다면 어떻게 살아야 젊게 사는 것일까? 첫째, 변화를 받아들이며 사는 것이다. 현재도 좋지만 새로운 것이 더 좋고 편리하다는 생각을 하고 살아야 한다. 자기 것이 최고요 자기 생각만 옳다고 고집해서는 안 된다. 남의 것을 인정하고 다른 사람의 의견을 존중하는 긍정적인 사고를 가져야 한다. 그것만이 변화 시대를 사는 자세이고 젊게 사는 방법이다.

둘째, 실패를 두려워 말고 옳다고 믿는 것에 과감히 도전해야 한다. 성과가 크고 보람된 일일수록 벽이 많고 높은 법이다. 어떤 일을 성취하기 위해서는 수많은 난관이 있을 수 있고 낭패와 실망이 따를 수 있다. 그러나 이러한 장벽을 뛰어넘어 돌진해 가는 것이 젊은 청년의 정신이고 젊게 사는 비법이다. 호랑이를 잡으려면 호랑이 굴속으로 들어가야 한다.

셋째, 자신의 환경 조건에 굴하지 않고 꾸준히 개척해 나가야 한다. 누구나 자신에게 주어진 환경이나 조건이 좋고 완벽할 수는 없다. 악조건을 이겨내고 긍정적인 생각하고 자기가 목표한 자신의 삶을 일궈나가는 것이 발전이고 진취적인 삶이다. 어려운 가운데에 복잡하고 힘든 일을 해냈을 때의 성취감은 하늘을 날 것 같은 기분일 것이다.

넷째, 과거에 얽매이지 말고 미래를 대비하며 살아야 한다. 많은 사람들이 지난날 화려했던 시절의 삶을 잊지 못해 집착하며 살고 있거나, 실패의 경험을 생각하여 도전을 망설이며 산다. 과거에 매달리면 현재가 발목을 잡히고 미래를 생각 못한다. 과거는 이미 지나간 일이고 중요한 것은 현재고 미래다. 미래를 대비하는 사람은 꿈과 희망이 있는 사람이다. 미래의 현재를 위하여 보람찬 삶을 설계하고 실천해 나가는 것이 젊게 사는 방법이다.

다섯째, 불의와 타협하기보다 정의를 지켜야 한다. 사람이 살다 보면 적당히 불의와 타협하는 때도 있다. 만약 그런 일이 버릇이 된다면 그 사람은 언젠가는 망한다. 실패한 인생으로 끝난다. 청년의 정신은 정의를 지키고 정도正道를 가는 것이다. 최후에는 정의가 승리한다는 사실을 알아야 한다. '정의는 권력보다 낫다.'고 에이브러햄 링컨이 말했다. 정의는 젊은이의 표상이다. 정도로 살고 정의롭게 사는 것이 젊게 사는 것이다.

여섯째, 끊임없이 배우고 꾸준히 노력하며 살아야 한다. 위대한 일의 성취 뒤에는 피눈물 나는 노력과 땀이 숨어 있음을 알아야 한다. 고통과 아픔 없이 얻는 것은 아무것도 없다. 설령 그것이 얻어졌다고 해도 가치가 없고 감동이 없다. 무슨 일이든지 과정 없이 결과가 있을 수 없다. 모든 일을 작심삼일이나 용두사미처럼 하려면 처음부터 시작하지 않음만 못하다. 배우고 또 배우려는 자세가 젊게 사는 자세다.

일곱째, 현실에 잘 적응하며 살아야 한다. 현대 사회는 변화의 속도가 빠르다. 변화에 적응하고 살기란 어려운 일이지만 좋든 싫든 변화를 수용해야 한다. 수많은 제도와 환경의 변화, 쏟아지는 엄청난 정보들을 받아들이고 관리해야 한다. 많은 사람이 전자메일을 주고받는데 나 혼자만 편지를 써서 우표를 붙여서는 안 된다. 구태의연하면 옛사람의 삶을 살 수밖에 없다.

누구나 젊게 살고 싶어한다. 그러나 저절로 젊게 살아지지 않는다. 젊음은 젊게 사는 사람에게만 찾아온다. 젊음은 육체의 외적인 것에 있지 않고 내적인 가치관과 생각 속에 있다. 젊게 산다는 것, 그것도 항상 젊게 산다는 것은 어쩌면 어려운 일인지도 모른다. 결코, 쉽지만은 않을 것이지만 포기할 일은 더더욱 아니다. 부딪히고 움직이고 행동해야 한다. 항상 미래의 현재를 젊게 살기 위하여 오늘의 현재에 충실하고 노력을 투자하는 삶이 평생을 젊게 사는 것이 아닐까?

(2009. 10. 7.)

5부

당신 있음에

나 그리고 아내와 딸들에게

아버지와의 목욕

아우들에게

사랑한 적은 있는가

감사하며 사는 삶

대행부모

죽는 법 사는 법

어떤 사랑

생일이 둘인 사람

■ 헌시 ‖ 당신있음에

나 그리고 아내와 딸들에게

– 공무원 명예퇴임을 하면서

내가 세 살 때인 1950년 6월 25일에 한국전쟁이 발발했고 1953년에 휴전되었으므로 전쟁이 끝났을 때 나는 여섯 살이 되었었다. 그 후로 2년 뒤인 여덟 살이 되던 1955년에 국민학교(지금의 초등학교)에 입학해서 1961년 5월 16일 군사혁명이 일어난 해에 졸업하고 곧바로 그해에 중학교 진학은 못했다. 가정 형편 때문이었다.

중학교에 진학하지 못한 1년 동안 나는 중앙통신강의록이란 통신교재로 중학과정을 독학하면서 서당書堂에서 한문공부도 했다. 다음 해인 1962년에 운 좋게 부안중학교에 진학했고 1965년도에 졸업했지만, 또다시 고등학교 진학은 포기하게 되었다. 그때 나이가 열여덟 살이었다.

자연스럽게 농사꾼 초년생으로 변하고 있었다. 농사일이면 아무거나 닥치는 대로 했다. 일하면서도 마음속에는 늘 고등학교 진학의 꿈을 키우고 있었다. 당시 취업이 잘된다고 소문난 전주공업고등학교에 진학을 결심하고 무작정 전주로 왔다. 그때가 1965년 10월 22일로 기억하고 있다.

전주에 자리잡은 곳은 창고를 방으로 고친 것인데 방바닥은 콘크리트에 천장은 통나무가 그대로 드러나 있어서 눈보라라도 치면 방안에 눈이 들어오는 월 200원짜리 방이었다.

서너 달가량 밤을 낮처럼 알고 열심히 공부했다.

그렇게 해서 어렵게 고등학교에 진학했고 고교 3학년이던 1968년 초에 전라북도에서 시행하는 공무원 공채 시험에 합격하여 그해 9월 21일 자로 부안군 부안읍사무소로 첫 발령을 받았다. 그때가 21세였다.

그랬던 내가 어느덧 40년의 세월이 흘러 명예퇴임을 하기에 이르렀다.

회고해 보면, 지나온 40년 공직 생활이 한 편의 인생 드라마이고 파노라마(panorama)다. 내 일생의 황금기를 여기에 묻었다. 스물한 살 청년의 나이에 시작해서 예순한 살의 환갑이 될 때까지 애환哀歡이 서린 시간이었다. 자부심도 있었지만, 회한悔恨도 남는다.

이제 제2의 인생을 시작해야 한다. 지나간 과거를 묻어야 한다. 새로운 모습으로 후반기 인생 여정을 연출해야 한다. 젊은 시절의 꿈과 희망은 이제 이쯤 해서 결산하고 평가받아야 한다고 생각한다. 그리고 하루빨리 과거의 속성과 타성에서 벗어나야 한다. 더 낮은 자세로 새롭게 태어나야 한다. 그래서 미래에 다가올 남은 생애를 후일 내가 스스로 양심의 잣대로 평가할 때 후회되지 않도록 지금부터 준비해야 한다.

나, 석인수. 다른 사람도 엇비슷한 삶이었겠지만 생각해보면 정말로 험난한 삶을 살아왔다. 세상살이 힘들고 어려울 때마다 울 곳조차도 마땅히 없었다. 무슨 일을 당하든지 그때마다 내가 최종 종착역이었다. 너무나 엄청난 일을 당하여 안전부절못하고 쩔쩔매며 발을 동동 구른 적이 얼마나 많았는지 모른다. 어떤 땐 몸뚱이라도 두 개였으면 좋겠다고 생각도 했었다. 그러나 천만다행인 것은 그때마다 절망이나 좌절하지 않고 포기하지 않았다. 어떻게든 난관을 헤쳐나가야 한다는 일념 하나로 할 수 있는 모든 것을 다했다. 그때마다 어쩌다가 재수 없이 만난 아내 송희남도 어김없이 나와 동반자 되어 사건의 중심에 서 있어야 했다.

지금까지의 나의 삶은 어쩌면 너무나 외로운 삶이었는지도 모른다. 정작 나 자신의 문제가 있을 때마다 누구에게 의지하여 의논할 곳 하나 없이 살아왔다. 나 혼자 알아서 결정하고 판단하면서 살아왔다. 형제가 일곱이지만 내 문제에 대해선 언제나 혼자였다. 너무나 외롭고 쓸쓸한 삶이었다. 때로는 나도 누구에겐가 기대고 싶었다.

아내 송희남에게 미안하다. 부잣집 둘째 딸로 태어나 어린 시절을 넉넉하게 보내며 성장했다는 사람을 가난뱅이 무능한 내가 감히 덤벼드는 바람에 재수 없게 걸려든 여자다. 얼마든지 좋은 환경에서 자란 여건 좋은 사내를 만날 수 있는 그녀를 내가 과분하게 욕심부렸는가 하는 생각이 가끔 들었던 게 사실이다. 특히, 집안에 큰일이 터질 때마다 그런 생각이 들었고 그럴 때마다 속으로 미안했다. 하지만, 그때마다 아내는 용케도 잘 참아줬고 더러는 버거워하는 나를 격려하고 다독이기까지 했다. 고마웠다. 참으로 감사했다.

어린 시절 자라면서 이처럼 소용돌이치는 집안 꼴을 본 적이 없다는 사람이 더욱이 술 먹는 식구를 겪어보지 않았다던 사람이 많이도 이해가 안 가고 힘들었을 텐데 비교적 잘 참아주었다. 처지를 바꿔 내가 그녀라면 그럴 수 있겠느냐는 생각도 많이 했다. 지금 내게 있어 유일한 안식처이기도 한 아내 송희남에게 그간의 노고에 대하여 큰 박수를 보낸다.

금쪽같은 내 세 딸에게 말한다.

오늘 아침 엄마가 아침 식사로 깨죽을 끓여 한 대접을 식탁에 올려 놓았더라. 그걸 먹으려다 식탁 유리 안에 끼어 있는 너희 사진을 무심코 바라보면서 또 이유 없는 눈물을 흘리고 말았다. 얼간이같이 말이다. 너희가 알지 않느냐? 그런 아빠라는 것을. 이처럼 가만히 바라보고만 있어도 눈물이 날 정도로 너무나 소중한 내 피붙이들이며 착하고 예쁜 딸들이란다.

소연아! 요즘 아빠가 너만 생각하면 숨이 막힌다. 정답을 찾지 못한다. 내가 너를 위해 할 수 있는 게 뭔지 답답하기만 하단다. 미안하다. 이렇게 아빠가 능력이 없는 형편없는 사람인 줄을 나도 잘 모르겠다. 왜 이렇게 어렵고 풀리지 않는 건지 모르겠다. 주어진 문제가 너무 어려운 것이냐? 네 눈치 보면서 할 말이 있어도 망설여지는 못난 아빠인가 보다. 그러나 너는 내게 있어 너무 소중한 존재임을 잊지 마라. 누가 뭐래도 아깝고 사랑스러운 그리고 영리하고 똑똑한 내 딸이라는 것을. 힘과 용기를 내라. 젊은 날의 고생과 시련은 사서라도 하라고 했다. 지금은 도무지 앞이 안 보이는 안갯속 같지만 지나고 보면

희망이 있는 밝은 날이 반드시 온단다. 이것은 위로가 아니고 사람이 걸어가는 역정임을 세상을 더 살은 내가 말하고 있는 것뿐이다. 그러니 믿어라 내 말을. 그리고 앞만 보고 정진하고 매진해라. 성공한 인생을 살려면 자기와의 싸움에서 이겨야 한다.

소진아! 결혼 축하한다. 결혼은 신성한 것이다. 착실하게 행복한 미래를 설계해서 즐겁고 보람된 생을 누려라. 어떻게 사는 것이 바른 삶인가는 질리게 보고 듣고 배웠지 않느냐? 참되 오래 참고 아주 참아야 하고 사랑을 주되 남김 없이 온전히 주고 상대의 눈높이에 맞는 사랑을 주어야 한다. 삶 속에 얽히고설킨 사람들과의 관계를 두 번 세 번 생각하며 슬기롭게 대처하는 지혜를 가져라. 자기 주변 사람들과의 관계가 얼마나 소중한지를 늘 잊지 말아라.

소희야! 너 참 대단하다. 당차고 야무진 것 내가 다 알지. 그러나 절대로 경우 없이 처신하면 안 된다. 요즈음, 선생님 하랴, 아내 노릇 하랴, 엄마 노릇 하랴, 주부 노릇 하랴 얼마나 힘들겠냐? 하지만 남들도 다 그렇게 산단다. 그게 인생살이란다. 또 그런 게 행복이란다. 어떤 이상으로 행복을 만지려 하지 마라. 아빠는 네가 얼마나 대견스러운지 모른다. 너도 알지? 나 태희만 보면 어찌나 예쁜지 체면이고 뭐고 다 무너지는 것 말이다.

사랑하는 아내와 딸들이여!

소용돌이치는 가정에서 넉넉하지 못한 형편 때문에 남들처럼 잘해주지도 못하면서 헌신과 희생만을 요구했고 참고 기다리라고만 했던 내가 더러는 섭섭하고 미웠을지도 모른다. 그러나 내가 지닌 한결같은 진실 하나는 첫째도 둘째도 우리 가족이고 가정의 화목이라는 것을 알 것이다. 앞으로도 그 마음 변하지 않을 것이며 더한층 미더운 남편과 아빠로 자리매김하기 위하여 노력할 것이다.

우리 모두 가족을 위하여 무엇을 어떻게 해야 할 것인가를 늘 생각하고 서로 믿고 양보하고 도우며 살자.

(2008. 6. 26.)

아버지와의 목욕

오늘날에는 목욕이 일상생활이 되다시피 했다. 하지만 내가 어렸을 때엔 요즈음 같은 목욕은 상상도 못했다. 마땅한 목욕 장소도 없었을 뿐만 아니라 설비도 없었다. 따라서 부엌, 헛간, 뒤란 등 차폐된 곳이나 인적이 뜸한 곳에서 물을 데워 적당히 씻는 정도가 고작이었다.

그 당시에는 목욕뿐만 아니라 모든 문화, 복지 수준이 다 그러했으니까 크게 불편하게 느끼거나 불만스러워 하지도 않고 살았다. 농업용수로나 마을 인근의 강, 냇가, 작은 호수 등에서 멱감는 것이랄지 여름이면 집 안 모퉁이에서 등목하는 것이 유일한 목욕이었다. 그런 목욕을 요즈음엔 날마다 하며 산다.

예전에는 목욕의 목적이 몸의 때를 씻어내는 신체의 청결이 주였지만 지금은 그뿐 아니라 건강관리 차원에서 미용, 질병치료, 피로회복 등을 목적으로 한다. 날마다 목욕탕에 가는 사람도 있다.

인류 최초의 목욕탕은 이집트 미노스 왕이 지중해의 크레타 섬에 있는 코노소스 궁전에 설치한 것이다. 내부의 로얄배스(royal bath)는 정교하고 아름답고 화려했다고 한다.

공중목욕탕을 제일 먼저 만든 사람은 기원전 344년쯤 스파르타인들로 당시에 열기욕(hot air bath)을 창안하여 사용했으며 이것이 로마의 목욕문화에 큰 영향을 미쳤다고 한다. 로마가 국력이 신장되면서 로마인들의 목욕은 몸을 깨끗이 하는 것 이외에 지성을 반영하는 상징으로도 여길 정도였다.

나는 1992년에 이탈리아의 고대도시 폼페이(pompeii)에 방문한 적이 있다. 폼페이는 화산폭발 시 화산재로 덮여버린 지하 도시로서 한창 발굴 중이었다. 발굴로 드러난 그 당시 사람들의 목욕시설을 둘러보면서 얼마나 수준 높은 목욕문화였는가를 짐작할 수 있었다.

11세기에 들어와 터키가 동로마 제국을 침략하면서 목욕탕 내부를 뜨거운 방, 따뜻한 방, 증기탕 등으로 만든 이른바 터키식 목욕탕이 만들어졌다고 한다.

우리나라도 신라 시대에 이미 사찰에 대형 공중목욕장이 설치되고 가정에도 목욕시설을 하였다고 한다. 또한, 우리나라 최초의 대중탕은 1924년 평양에 설립되었고 이후 서울에는 1925년에 등장했다고 한다.

몸을 씻고 심신의 피로를 풀며 휴식을 취하는 것은 인간 생활의 필수다. 목욕이 인간 생활에 주는 이점은 말할 필요도 없다. 목욕하고 난 뒤의 기분은 말해 뭣하겠는가. 땀 흘려 일하거나 운동을 한 뒤 또는 질병 치료를 위하여 오랫동안 병상 생활을 한 뒤에는 으레 목욕을 하기 마련이다.

아내가 '동락 스넥'이라는 칼국수 등을 파는 분식점을 하던 1981년도의 일이다. 갑자기 아버지께서 못 견디게 배가 아프다고 호소하시어 모 내과 의원에 모시고 갔다. 진료 후 약을 처방받아 돌아왔는데 그날 밤 또다시 야단이 났다. 약을 먹어도 소용이 없고 통증이 더 심하다는 것이다. 나는 곧바로 종합병원 응급실로 아버지를 모셨다. 그곳에서 사흘 동안이나 검사하고 진찰한 결과 담석증이라고 하면서 수술을 해야 한다고 했다. 하는 수 없이 담낭을 제거하는 수술을 하고 2주일이 넘게 입원 치료를 받았다.

병원 측의 요청에 따라 퇴원하는 날이었다. 나는 이것저것 바쁘게 퇴원 절차를 마치고 아버지와 함께 병원을 나와 택시를 탔다.

"전주탕으로 가요!." 내가 택시 기사에게 말했다.

"목욕탕에는 왜 가냐?" 아버지는 뜻밖이라는 듯이 물으셨다.

"오랫동안 병원 생활을 하셨으니까 목욕하고 집에 가게요."

"집에 가서 씻으면 되지 뭐."

"그래도 그냥 가요."

못 이긴 듯이 아버지는 더는 말이 없으셨다.

아버지와 내가 대중탕에서 함께 목욕하기는 처음이었다. 그것도 작심하고 한 게 아니고 아버지가 병원 생활을 하신 것이 계기가 되어서였다. 그 전에는 아버지와 함께 목욕할 생각을 아예 하지 않았었다.

수술 부위가 완전히 아물려면 상당 기간이 더 지나야 했기 때문에 아버지는 거동이 자유스럽지 못했다. 부자父子가 발가벗고 목욕하는 것이 익숙하지 않아 계면쩍어하시는 아버지였다. 그러기는 나도 매한가지였다.

"아버님! 이리 오셔서 여기 누우세요. 제가 씻어 드릴게요."

탕 한쪽 구석에 놓인 때밀이용 긴 탁자를 가리키며 내가 말했다.

"그냥 둬라. 내가 천천히 씻을란다."

“그러지 마시고 어서 오세요.”

아버지는 멋쩍은 듯 탁자에 올라와 누우셨다. 그리고는 눈을 지그시 감고 몸을 맡겼다. 때밀이 수건을 말아들고 한 손으로 아버지의 오른손을 잡았다. 손바닥이 말이 아니었다. 영락없이 땡볕에 말라서 단단하게 굳어진 찐빵을 만지는 것 같았다. 손바닥 피부가 굳어져 옹이가 되고 군살이 말라져 누룽지같이 되었다. 젊어서 이래로 딱딱한 돌을 다루는 잡석공雜石工으로 수십 년 일을 하셨다. 왼손으로 정을 들고 오른손으로 망치질해서 돌을 깨는 일이다. 날씨만 좋으면 아버지는 어김없이 석산 채석장에서 일하셨다. 하루라도 공空치는 날이면 식솔의 호구지책이 문제된다고 걱정하며 일을 하셨다. 아홉 식구의 생계를 위하여 날만 새면 무던히도 망치질하신 손이다. 그 흔적이 고스란히 손바닥에 남아있었다.

어느새 내 두 눈에는 구슬 같은 눈물이 맺혔다. 가슴이 미어지는 것 같고 목이 메었다. 곁눈질로 아버지의 동태를 살폈다. 다행스럽게도 여전히 눈을 감고 계셨다. 까칠한 손발과 팔다리 등 몸 전체를 이곳저곳 조심스럽게 씻어 드렸다. 행여 살갗 어느 부위라도 다칠세라 신경쓰며 때를 밀었다. 어릴 적부터 갖은 고생을 하며 사신 아버지의 삶을 생각하면서 북받치는 서러움을 속으로 삭이며 아버지의 몸을 살폈다. 하마터면 소리를 내 울 뻔했지만, 용케도 가슴으로만 통곡했다.

아버지와 함께 목욕 온 것이 얼마나 잘한 일이고 다행스러웠는지 몰랐다. 그날 나는 목욕을 한 것이 아니었다. 아버지의 삶을 되짚어볼 수 있었고 아버지의 현주소를 확인했으며 그동안 나의 불효를 고백하는 자리였다. 가족을 위한 아버지의 희생과 헌신을 보았고 무한한 사랑을 느낀 시간이었다. 지금까지 나의 삶을 재조명해보고 앞으로 내가 어떻게 살아야 할 것인가를 다짐하고 결심하는 시간이었다.

아버지와 단 한 번의 목욕이 나를 되돌아보게 하고 나를 철들게 했다.

"앞으로는 아버지와 함께 자주 목욕 와야지. 이렇게 좋을 수가 없네."

나는 속으로 다짐하듯 자신에게 말했다. 그러나 그날 이후로 나는 아버지가 돌아가실 때까지 두 번째 목욕을 함께하지 못했다.

나 자신에게 스스로 한 약속을 지키지 못한 죄와 불효가 평생을 뇌리에서 떠나지 않는다. 꼭 지켰어야 했는데 정말로 안타깝기 그지없다.

아버지는 아마 돈 들여 목욕하기는 그때가 처음이자 마지막이었을 것이다. 아버지께 죄송스럽기만 하다. 이제 이승에서 아버지와의 두 번째 목욕은 불가능한 일이다. 그러나 나는 또 한 번 나 자신에게 약속하고 싶다. 저승에서 만나서라도 꼭 내 손으로 아버지의 몸을 씻어 드려야겠다고.

아버지! 사랑했습니다. 그리고 참으로 존경했습니다.

(2010. 7. 13.)

아우들에게

– 공무원 명예퇴임을 하면서

우리 형제들의 현주소를 재조명하여 미래의 돈독하고 끈끈한 우애와 보람된 삶을 구가謳歌하는 마음에서 이 글을 쓴다.

M 동생에게

네 이름 부르니까 눈가에 이슬이 맺힌다. 내가 군軍에 가 있는 사이 아버님은 산월리를 떠나 가출하시고 어머님과 어린 동생들 보살피느라 갖은 고생 다한 것을 생각하면 너무나 내 가슴에 못이 박혀 평생을 살아도 뽑히지 않고 남아있다. 얼마나 피곤했던지 사랑방 뜨거운 방바닥에 종아리를 덴지도 모르고 잠들었다는 얘기를 들으며 그때 내가 얼마나 속으로 울었는지 모른다. 너 기억하는지 모른다. 형이 제대한지 얼마 안 된 칠흑같이 캄캄한 어느 날 밤에 부안읍 내 한 비포장도로에서 네가 끌던 경운기를 세워놓고 너와 내가 부둥켜안고 신세를 한탄하며 목 놓아 울던 날을.

형제가 한 울안에 같은 집 짓고 늘 함께 살자고 했고, 지금의 고향 산월교회의 원조는 네가 터를 닦은 게 아니더냐? 너는 정 많고 신앙이 좋았던 동생이었다. 우리가 살면서 중요한 것은 자기의 자리를 지키는 것이라 하겠다. 물론 쉬운 일은 아니다. 늘 하는 일 때문에 어렵긴 하겠지만, 명절 때나 모임이 있을 때마다 네가 보이지 않으면 얼마나 서운하고 속상한 줄 아느냐? 금방 왔다가 곧바로 가 버리면 말은 안 했지만 서운했었다. 조금만 더 신경 썼으면 좋겠다. 형제 중에 그래도 너와 내가 같은 시대를 산 추억 있는 형제가 아니냐?

항상 고된 일로 고생하는 것을 생각하면 울분이 터지고 가슴이 미어질 것 같다.

Y 동생에게

재주도 있고 예술성도 뛰어난 동생으로 알고 있다. 운동도 다 잘하고 글씨도 잘 쓰고 그림도 잘 그려서 창작활동도 취미삼아 하는 것 같더니만 그런 모습을 안 본 지가 오래된다. 너의 지난날에 몇 번의 사고가 있었음을 기억한다. 이제 나이도 건강도 젊지 않다는 것을 알아야 한다. 고생하는 제수씨 보기가 미안하고 고마워서 만날 때마다 그냥 장사 잘되느냐? 고만 묻는다. 엇그제는 화가 나 있더라. 벌면 뭐하냐는 것이다. 힘이 빠진다고도 하더라. 잘하겠지만 행여 힘든 일 마다하지 않고 고생하는 제수씨에게 힘 빠지게는 말아라.

자식들에게도 아빠의 모습이 어떻게 기억되고 있을까도 생각하면서 좋은 아빠로 살아라. 이 땅에 살면서 나와 관계를 맺은 사람들을 비롯해 주변의 많은 사람에게 비칠 나의 모습을 생각하면서 할 수만 있다면 후회되지 않는 삶을 살려고 노력하자. 후일에 내가 남긴 족적을 기억하고 애틋해하는 사람들이 많은 삶을 일구며 살자.

그리고 그 좋은 재주와 솜씨 좀 살려서 뭔가를 보여도 주고 그 일로 인하여 너 자신이 보람도 찾았으면 좋겠다.

H 동생에게

아버님 따라 군산에서 살면서 초자 공장 다닐 때 예리한 유리조각 때문에 발바닥이 성할 날 없었다는 얘기, 홧김에 밤중에 집 나가신 아버님 찾다가 인분 저장 조에 빠졌다는 얘기를 생각하면서 너 어릴 때 고생을 짐작하고 있다.

하나님이 택하시고 부르셔서 새 사람으로 거듭나게 하신 것이 어찌나 감사하고 다행인지 모른다. 그것도 하나님이 쓰시는 장로라는 직분으로 우리 앞에 서게 하셨으니 이처럼 우리 집안의 큰 경사가 또 있겠느냐? 우리는 원래 이 세상에서 배경이 없는 형제로 외롭기 그지없는 처지가 아니더냐? 그런데 세상에서 제일 권위 있고 능력 있는 배경이 하나님이신데 그 하나님께서 너를 장로로 택하셨으니 우리 집안에 이보다 더 큰 배경이 또 있겠느냐? 개인적으로 축복해야 할 일이고 우리 집안의 영광이 아닐 수 없다.

너의 기도와 설교를 들으면서 은혜가 새록새록 자라나는 것 같고 마음이 평화롭고 기분이 좋아지는 것은 말씀이 힘이 있고 생명이 있고 성령이 충만함 때문이라고 믿는다. 아직도 가깝게 다가오지 못하고 먼발치에서 서성거리는 많은 형제를 주 안으로 인도하여 하나 되게 하려고 하는 너의 절규와도 같은 애절한 기도와 간구를 우리 식구들이 하루빨리 알아듣고 돌아와야 할 텐데 염려가 많다.

그러나 포기하지 말고 함께 힘 모아 기도하고 매달리자.

T 동생에게

기억할지 모르겠다. 너의 상급학교 진학을 위해 또 일자리 알선을 위해 신경 썼던 일들을. 그 무렵 나도 사회에 제대로 뿌리도 내리지 못한 30대 초반이었지만 내 딴에는 온 힘을 기울여 노력했는데 보람도 없었을 때는 섭섭하기 그지없었다. 물론 열심히 최선을 다하며 살고 있겠지만, 그동안 살면서 남긴 발자취가 뭣이고 가족들에게는 얼마나 필요한 사람이었는가를 생각해 보아라. 구습을 끊는 아픈 고통을 이겨내지 못하면 우리가 어떻게 다가올 험난한 세상을 살겠느냐? 늦었다고 생각할 때가 빠른 것이다. 털고 일어나 새롭게 출발하기를 바란다. 항상 하는 말이지만 인생은 두 번 오지 않는다. 따라서 연습 없이 실전에 임한다는 것을 생각해서 두드리고 조심스럽게 살피면서 걷고 건너야 할 것이다. 다가오는 미래의 모습과 내용, 색깔도 모르고 우리는 미래를 맞아야 한다는 사실을 잊지 말아라. 세상살이가 그냥 간단하지가 않단다. 늘 긴장하고 강한 의지를 갖추지 않는다면 힘들 수밖에 없다.

제수씨가 참으로 용하고 감사하다. 잘해 주어야 한다.

K 동생에게

재치 있고 폭넓게 잘 활동하면서 사는 것 같아서 좋다. 가족이나 형제들을 위하여 베풀고 챙겨야 할 게 뭔지 늘 생각하면서 살아라. 미래에 대한 설계도 치밀하게 계획하며 더 열심히 온 힘을 다해라. 제수씨에게도 잘해야 한다.

동생에게도 네가 더 가깝게 지내야 한다. 터울이 세 살밖에 안 되니까 가장 마음이 통하고 친구 같기도 할 게 아니냐?

형은 말은 않지만 너한테 거는 기대가 크다는 것을 알아라. 그 이유를 네가 잘 알아차렸으면 좋겠다.

E 동생에게

엊그제 밤에 너의 전화를 받고 가슴이 찡했다.

맨정신으로는 말 못하겠다고 혼자 사무실에서 술 한잔하면서 전화한다고 했다. 그 심정 충분히 이해한다. 네 나이 아홉 살에 형이 결혼했다. 무슨 일이 있을 때마다 나와 네 형수가 낯선 사람 찾아서 얼마나 목 메인 소리 하며 애걸복걸했는지 아느냐? 정작 너 본인은 그때마다의 상황을 모를 것이다.

어쩌다가 결혼도 못한 네가 항상 마음이 걸리고 걱정이다. 여기에서 안주하지 마라. 늦었다고 생각될 때가 빠르다는 것을 알아라. 스스로 개척하면서 살아라. 자기의 인생은 자기 책임하에 자기가 걸어가는 것이다. 자신을 잃지 말고 꾸준히 그러나 계속해서 네 앞길을 개척하길 바란다. 지금 나이가 늦었다고 생각하지 마라. 100세 시대를 꿈꾸는 세상에 지금의 네 나이는 아직 인생 초년기이다. 실패가 성공의 열쇠라는 말을 그냥 흘려듣지 말고 천천히 차분하게 정진하길 바란다.

아우들에게 이렇게 글을 쓰는 것도 처음인 것 같다. 앞으로는 이런 글은 쓰지 않을 것이다. 어언 40년간의 공직 생활이 흘러갔다. 그러나 믿기지 않는다. 착각 속에 빠지곤 한다.

그동안 나는 돈도 배경도 없는 우리 집 환경에서 유난히도 파란만장한 삶을 살아야 했다. 나이 차이가 크게 나는 형제들 상호 간에는 형제의 과거를 서로 잘 모르고 있다. 그러나 나는 가족들의 크고 작은 일이 있을 때마다 그 현장의 중심에 있었다. 물론 같이 사는 아내 송희남도 약방의 감초였지. 그때마다 해결의 열쇠는 돈이고 배경이었다. 그런데 내게는 한 가지도 없었다. 어찌나 힘들고 절망적인 때가 많았는지 모른다. 도대체 희망이 보이지 않았다. 살길이 막막했었다. 나를 돕는 사람은 없었다. 아직도 그 파란만장했던 과거의 불씨가 완전히 꺼지지는 않았다고 본다. 잘못된 생활은 이제 끝내자. 이제 나는 그동안 여러 가지로 얽어매지고 짓눌렸던 구속으로부터 조금은 자유로워지고 싶다. 솔직히 말해서 몸과 마음이 많이 지쳐 있다. 쉬고 싶다. 지금까지 살면서 나는 몹시도 외로웠다. 내가 안고 감당하고 헤쳐나가야 할 내 인생길에는 언제나 나 혼자였다. 많이 울기도 했다.

'몸이 닳아지도록 써먹자!'라는 구호를 외치며 살았다.

남들이 하는 것 다 해보고 싶었다. 하지만 옳은 길이 아니면 곁눈질도 말자고 다짐하며 참고 외면했다. 정규 대학에 못 갔지만 박사 학위까지 받았다. 문단에도 등단해서 수필가도 되었다. 공무원으로도 이사관까지 올랐다. 남들은 원도 끝도 없이 할 것 다했다고 말한다.

영광스럽고 명예스런 퇴직이라고 부러워한다. 나라에서 내리는 훈장도 최고의 것으로 받는다. 그러나 나는 지금까지 지독한 외로움과 싸우며 살아왔다. 아우가 여섯인데도 나는 언제나 외로워야만 했다.

가족들 간에 형제들 간에 서로 내가 무엇을 해야 할까를 늘 생각하면서 살자. 나만 살지 말자. 그래서 형제들 모두가 행복하게 살자.

(2008. 6. 30.)

사랑한 적은 있는가

김칫거리를 사러 가려고 아내와 함께 차를 타고 가다 진북터널 사거리에서 신호 대기를 하고 있었다. 언젠가부터 이곳에는 신호대기 차량의 운전자를 상대로 껌팔이를 하는 아저씨가 있다. 지체가 부자유스런 분이다. 다리는 절뚝거리고 한쪽 팔도 잘 못 쓰고 말도 우둔한 분이다. 아내는 그 아저씨를 보고 차창 문을 열어 천 원짜리 지폐 한 장을 건네주며 "껌은 필요 없어요."라고 말했다. 그리고 차창 문을 닫으며 저런 분을 보면 안쓰럽고 속이 짠하다고 했다. 자주 이곳을 지나다니는 우리는 벌써 이런 일이 몇 번째다. 문득 지난날 생각이 떠올랐다.

삼십 년 전쯤의 일이다. 내가 전북도청 사회과에 근무할 때다. 부안군청에서 근무하다 전북도청으로 전보되어 처음 근무한 곳이 사회과다. 당시 내가 담당했던 업무는 취로사업이 주였으나 구호업무도 함께 다루었다. 연례행사처럼 해마다 찾아오는 태풍으로 말미암은 피해 등 폭우나 폭설로 많은 재산과 인명 피해가 속출했던 때였다. 살던 집이 무너져내리고 피땀 흘려 가꿔 놓은 농작물이 하룻밤 사이에 떠내려가 졸지에 오갈 데도 없고 호구지책도 막막한 이재민들과 극빈 영세민들을 돌보고 대책을 마련해야 하는 업무였다. 많은 비가 내릴 것이라는 일기예보나 징후가 있는 날이면 사무실에 대기하면서 밤새도록 상황 근무를 했다. 어쩌다 태풍으로 폭우라도 쏟아진 뒤에는 저지대는 말할 것도 없고 들판이 온통 물바다였으며 계곡이나 비탈은 산사태로 유실되어 앙상히 뼈만 드러나 있고 여기저기 무너진 축대 등은 마치 전쟁터를 방불케 했다.

무엇을 먼저 어떻게 해야 할지 엄두가 나질 않았다. 그러나 뭣보다도 급한 일은 사망자의 처리와 이재민의 구호였다. 한번은 과장님과 함께 이재민의 실태도 살피고 위로 격려하고자 현지를 방문한 적이 있다. 갑자기 집을 잃은 이재민들은 마을회관, 모정 등으로 임시 거처를 정하는 게 대부분이지만 형편이 여의치 못할 때에는 그러지도 못한다.

오지마을의 한 전파가옥全破家屋을 찾았는데 오래되어 낡은 초가집은 완전히 무너져내려 볏짚 지붕이 마당에 맞닿아 있었다. 세간살이 일체를 잃고 가족만 간신히 새벽에 몸을 피하여 목숨을 건졌다고 했다. 그나마도 천만다행이 아닐 수 없었다. 식구들은 잠자리 옷차림 그대로였고 그들이 임시로 몸을 감추고 있는 곳은 재래식 변소가 있는 잿간 채였다. 똥 냄새가 풀풀 났다. 거기에 멍석 하나를 깔고 네 식구가 몸을 떨고 있었다. 그때 그 상황을 더는 말할 수 없다. 그 현장을 보는 순간 말문이 막혔다. 무슨 말을 어떻게 해야 할지 생각이 나지 않았다. 차라리 방문하지 않았어야 할 현장을 방문한 것처럼 보기가 민망했다. 성한 몸과 멀쩡한 옷차림으로 그들 앞에 서 있는 내가 너무도 미안하고 죄스러웠다. 마음 한구석에서 치밀어오르는 울먹임을 속으로 삭이느라 뜨거운 김이 목구멍까지 올라왔다. 죽을죄를 지은 사람처럼 몸을 낮추고 머리를 조아리며 예순이 훨씬 넘게 보이는 아저씨의 두 손을 잡았다. 그러나 어떤 말도 나오지 않았다. 목이 메어 그냥 눈물만 흘렸다. 어떻게 하는 것이 옳은 것인지도 모른 채 불공평한 현실이 원망스럽고 안타까웠다. 차마 떨어지지 않는 발길을 돌려 다른 일정 때문에 그곳을 나왔다.

이틀이 지난날 오후 나는 몰래 그 집을 혼자 찾았다. 눈에 가물가물한 이틀 전 그 모습을 잊을 수가 없어서였다. 다행히도 마을 어느 분의 방으로 거처를 옮긴 뒤였다. 조금이나마 안심이 되었다. 별다른 도움을 줄 수 없는 나를 원망하며 지폐 몇 푼을 그분 손에 쥐여 주고 도망치듯 그 집을 빠져나왔다. 지금도 그때 일을 생각하면 너무나 가슴 아프고 안타깝다.

또 한 번은 이런 일이 있었다. 지체 장애를 비롯한 농·맹아들을 집단 수용해서 보육하는 학교를 방문한 적이 있다. 교무실에 들러 현황을 듣고 점심시간이 되어 구내식당으로 갔다. 식당에는 줄잡아 백 명 정도는 될 것 같은 아이들이 식사하고 있었다. 식사하고 있는 모습들을 본 나는 놀라지 않을 수 없었다. 밥 한 숟갈을 떠서 입으로 넣기까지 한참이 걸렸다. 그나마도 입에 들어가는 밥알은 몇 개 안 되었다. 신체가 복합적으로 장애가 있기 때문에 제대로 수저질을 할 수 없어서였다. 너무나 안쓰러웠다. 외부에서 온 사람인 줄 눈치채고 몇몇 아이들이 몸짓으로, 눈빛으로 인사를 했다. 그 모습 또한 가지각색이었다. 쑥스럽고 민망해서 서둘러 배식대로 몸을 감췄다. 배식 판을 받아 들고 한 식탁으로 갔다. 그러나 나는 밥을 먹지 못했다. 성한 팔과 손으로는 그들이 보는 앞에서 차마 수저질을 할 수가 없었다. 그들도 나를 바라보느라 서툰 숟가락질조차 천천히 하고 있었다. 처량했다. 가슴이 꽉 막혀왔다. 교장 선생님은 그들을 보살피는 선생님들을 많이 칭찬했다. 대부분의 미혼 여성인데 취직하기 위해서 집을 나온 분들이 대부분이라고 했다. 그곳에서 하루 이틀 지내다 보니 결혼도 못 하고 대우가 좋은 다른 직장으로 선뜻 옮기지도 못한다는 것이다. '저런 애들을 두고 차마 이곳을 떠날 수 없다.'는 게 그 이유라고 했다. 그들은 이미 숭고한 사랑의 실천을 하고 있었다. 헌신적인 사랑의 중심에 몸을 던진 사람들이었다. 많이 부끄러웠다. 그날 밤늦게 집으로 돌아오는 차 안에서 한참이나 흐르는 눈물을 가눌 수가 없었다.

어디선가 들은 얘기다. 영하의 날씨가 이어지던 어느 추운 겨울날에 있었던 일이다. 아파트에 사는 어느 집에서 새 한 쌍을 선물로 받았는데 실내는 공기가 좋지 않아 신선한 바깥 공기와 햇볕을 받으라고 아침이면 발코니에 새장을 내다 놓았다가 저녁이면 실내로 들여오곤 했다. 어느덧 새는 자라서 두 마리의 예쁜 새끼를 갖게 되었고 어미 새는 새끼들을 정성으로 돌보고 새끼들은 어미 새의 사랑 속에 잘 자라고 있었다. 그러던 어느 날, 발코니에 새장을 실내로 들여놓는 것을 깜박 잊고 영하의 밤을 그냥 보내 버렸다. 주인은 아침이 되어서야 어젯밤 깜박 잊은 일을 생각하고 서둘러 밖으로 나가 봤으나 이미 어미 새는 둥지에 몸을 덮은 채로 얼어 죽어 있었다. 자신의 실수로 얼어 죽은 어미 새에 대하여 죄스럽게 생각하면서 어미 새를 조심스레 들어보았더니 놀랍게도 죽은 어미 새 밑에는 아빠 새와 새끼들이 그대로 살아 있었다. 어미 새는 죽으면서까지 자신의 날개를 펴서 둥지를 덮어 남은 생명을 지킨 것이다. 자기 생명을 포기하면서까지 사랑을 실천한 것이다. 새에게도 생각이 있었을까? 생명 보존의 본능보다 더 강한 헌신의 사랑이 있었음이 분명하다. 애절한 어미 새의 사랑에 사람인 우리가 부끄러워할 수밖에 없다.

나는 얼마나 사랑을 아는가? 내가 외롭고 쓸쓸하고 허전할 때나 내 마음에 불평불만이 생길 때면 그 원인이 내 주변의 환경이고 주변 사람들 때문이라고 생각했다. 내가 도움받고 사랑받고 위로받아야 할 사람으로 생각했다. 내 마음에 기쁨이 없고 희망이 보이지 않고 절망스런 상황이 다가올 때도 나 자신의 문제로 생각하기보다는 남 때문인 것으로 생각할 때가 많았다. 가장 가까이 있는 사람들이 나를 이해하지 못한다고 야속해하기도 했다. 그러나 지금 와서 생각해보니까 이 모든 것들이 주변의 환경과 남 때문이 아니고 내 속에 진정으로 사랑이 없었기 때문이었음을 느낀다. 지금까지 살면서 사랑의 중심에 들어가 사랑이 얼마나 달고 쓰고 아프고 저린가를 고민하고 실천한 적이 얼마나 있었는가? 진정 사랑다운 사랑을 한 적은 있기나 한가 되새겨 볼 일이다.

사랑의 대상을 밖이나 먼 곳에서 찾으려고 해서는 안 된다. 안에서, 주변에서 찾아야 한다. 내 가족, 내 형제, 내 이웃을 먼저 살펴야 한다. 가까운 대상을 외면하고 먼 곳의 대상을 생각하면 자칫 내보이기 위한 사랑으로 비칠 수 있다. 말없이 묵묵히 안으로부터의 실천이 우선되어야 한다.

지금부터라도 향기나는 사랑을 해보자. 사람 냄새나는 진짜 사랑을. 헌신과 희생의 사랑을.

(2009. 9. 26.)

감사하며 사는 삶

이른 아침 조용히 눈을 떴다. 초가을 휴일 아침이다. 어제 밤늦게까지 근무한 탓인지 몸이 나른하다. 갑자기 살아있다는 사실에 대하여 감사한 마음이 든다. 바로 엊그제, 젊디젊은 동료의 갑작스런 죽음을 생각해냈기 때문이리라.

생각해보면 사람이 살아있다는 것 자체가 참으로 신기하고 용하기만 하다. 어떻게 보면 생명이란 게 한편으로는 질기지만 또 다른 한편으로는 너무나 약하고 허무하다. '사람은 날마다 죽으면서 산다.'고 생각하면서 살고 있다. 매일 잠을 잔다는 것 자체가 죽음이다. 잠자는 동안은 의식을 놓고 있기 때문에 의식이 없는 동안은 죽어 있는 것이나 다름없다. 그래서 우리는 날마다 죽었다 살아난다. 이처럼 매일같이 죽음을 청하고 죽음을 경험하며 산다.

잠자리를 박차고 일어나 오랜만에 바쁜 시간을 뒤로하고 혼자 길을 나섰다. 조용히 길을 걸으며 뭔가를 생각하고 싶었다. 벌써 아침저녁으로는 쌀쌀한 날씨인데도 오늘은 초가을 햇살이 청명하여 저절로 탄성이 나온다. 그 첫 마디가 무심결에 그냥 '감사합니다.'이다. 이렇게 아름다운 자연을 주신 하나님이 감사하다.

고개를 들어 파란 하늘을 보다가 좌우로 펼쳐진 산하와 들녘의 그림 같은 모습을 보면서 감사에 대한 상념에 젖는다.

내게 생(生)을 주셨으니 감사하고, 부모가 계셨으니 감사하고, 어렵고 힘든 시대에 용케도 건강하게 자랄 수 있었으니 감사하고, 형제를 있게 했으니 감사하고, 일용할 양식을 주셨으니 감사하고, 좋은 직장을 주셨으니 감사하고, 가정을 갖게 하였으니 감사하고, 예쁜 딸들을 주셨으니 감사하고, 큰 사고 없이 살았으니 감사하고, 질병으로 고통받지 않았으니 감사하고, 장애 없이 신체를 보전할 수 있었으니 감사하다. 두 발이 없었다면 지금 이 순간 이렇게 걸을 수 없지 않은가! 밥상 앞에 앉아서 눈물이 나온 때도 있었다. 손이 있고 입이 있어 밥을 먹을 수 있으니 얼마나 감사한 일인가! 할 일이 너무 많아 화장실 갈 시간도 나지 않을 때도 감사했었다. 어떤 땐 상사의 호된 질책을 받고도 감사했다. 아직도 내겐 고쳐 쓸 만한 능력이 있는가 보다고 생각했다. 퇴근길에 녹초가 되어 걸으면서도 내가 쉴 집이 있고, 보고 싶은 가족이 있다는 것을 생각해내고 감사했었다.

나는 언젠가부터 매일매일 잠자리에 들면서 감사의 기도를 한다. '오늘도 건강하게 일과를 잘 마칠 수 있었음에 감사합니다.'라고. 또 아침에 잠에서 깨어 눈을 뜨고서는 감사한다. '어젯밤 피곤하여 죽을 것 같던 몸이 이렇게 선연히 살아있음에 감사합니다.'라고. 또 지금은 어떠한가. 건강하니 감사하고, 말할 수 있으니 감사하고, 듣고 볼 수 있으니 감사하고, 걸을 수 있으니 감사하고, 웃을 수 있으니 감사하고, 울 수 있으니 감사하고, 어떤 일이 잘못되어도 그 일을 해결할 생각을 할 수 있으니 감사하고…….

생각해보면 어떠한 상황에서도 우리의 감사는 항상 있을 수 있다.

우리가 산다는 것 자체가 온통 감사로 넘치는 생활인 것이다. 물론 우리의 감사는 인간이기 때문에 보상적 감사이고, 대가적 감사이며, 결과적 감사일 수 있다. 뭐가 어떻게 됐으니까 감사하고, 뭣을 이루고 갖게 했으니까 감사하고, 죽음에서 살게 했으니까 감사하고, 뭣을 잃은 대신 뭣을 얻었으니까 감사하는 경우가 많다. 그렇지만 본래 기본적으로 받아지고 주어지고, 얻어지고, 소유한 감사가 무수히 많다.

즉, 하나님이 우리에게 주신 천부적 감사의 조건과 제목들이 훨씬 더 많다. 거의 모든 감사가 여기에 속한다고 해도 무리는 아닐 성싶다.

우리가 잊지 말아야 할 감사는 미래에 대한 감사라고 생각한다. 미래에 대하여 감사하기는 쉽지 않다. 일이 잘되거나 성공할 것을 미리 감사하는 것은 긍정할 수 있지만, 잘못이나 실패를 예상하여 그 일에 대하여 미리 감사하는 것은 이해하기 어려울 것이다.

실패의 경우에도 감사의 거리는 있기 마련이다. 미래에 대한 감사야말로 차원 높은 감사이고 값진 감사가 될 것이다. 미래에 대하여 감사 할 수 있는 사람은 높은 경지의 인생을 사는 사람일 것이다.

감사할 줄 아는 마음의 출발은 긍정적인 사고思考에서 비롯된다고 할 수 있다. 우리가 일상을 살면서 세상을 긍정적으로 바라보고 생활 속에서 넘쳐나는 감사를 찾을 줄 아는 지혜야말로 인생을 몇 배 보람 있게 사는 것으로 생각한다.

벅찬 감동, 가슴 뭉클한 감사는 가슴속 깊은 곳에서 뜨거운 눈물을 흐르게 할 것이다.

(2007. 5. 28.)

대행부모

아무리 세상이 요지경이고 눈 감으면 코 베어 갈 지경이라지만 해도 해도 너무한다. 어디까지가 사실이고 어디까지가 거짓인지 도대체 알 수가 없다. 정신 바짝 차리고 산다고 해도 상상하기조차 힘든 별스런 일이 많은 세상이다. 사회가 복잡하고 다양해지니까 사람마다 하는 일도 각양각색일 수밖에 없다. 전문화되고 분화되다 보니까 예전에는 들어 보지도 못하고 생각지도 못한 직종이 생겨난다.

나는 컴퓨터에서 인터넷 검색도 잘 못 한다. 그래서 무슨 사이트가 있는지도 잘 모르고 정보가 어두운 것이 사실이다. 그나마도 겨우 세상 돌아가는 물정 파악은 신문을 통해서 한다. 2007년 1월 10일 자(A면) ≪조선일보≫를 읽고 깜짝 놀라 입이 딱 벌어졌다. 인터넷으로 영업을 하는 역할대행 업체가 있다는 것이다. 사람들이 워낙 바쁘게 살다 보니까 자기가 해야 할 일을 미처 다 못하고 제3자에게 역할을 대행케 해야 할 경우는 얼마든지 있을 수 있다. 이른바 우리가 익히 아는 심부름센터 같은 게 그것이다. 그런데 문제는 업종을 이용하는 사람들의 행태다. 이용 실태를 들여다보면 참으로 한심하고 가관이다. 기발하다못해 놀라 자빠지겠다.

서울 용산구 노량진 어느 학원의 수학 강사인 최진명(여, 29세) 씨는 황당한 경험을 했다. 남자 중학생이 수업을 자주 빠지고 숙제도 안 해서 부모님 좀 모시고 오라고 했더니 일주일 뒤 아버지가 학원에 찾아왔다. 최씨는 아무 의심 없이 그 아버지와 상담을 했다. 그런데 며칠 뒤 그 학생의 어머니가 찾아와서 아이 좀 잘 부탁한다고 했다. 알고 보니 그 전에 찾아온 아버지란 사람은 학생이 돈을 주고 고용한 '가짜 아버지'였다. 또 고등학교 1학년인 허 모(여, 17세) 양도 같은 반 친구랑 싸우다가 그 친구를 때렸는데 선생님께서 부모님을 모시고 오라고 해서 인터넷 사이트에서 아버지를 대신해 줄 도우미를 고용했다. 부모 대행 도우미로 돈을 벌고 있는 인천의 강 모(남, 50세)씨는 원치 않는 임신을 한 여고생의 아빠 노릇을 여러 번 해 봤다고 했다. 그는 병원에서 건강보험을 확인하는 과정에서 걸린 적도 있었지만, 울면서 도와 달라는 여학생들의 부탁을 외면할 수가 없었다고 했다. 서울 영등포에 있는 한 업체에는 이처럼 함께 병원에 가 줄 사람을 찾는 상담이 1년에 10여 건 정도 들어온다고 한다. 불법 낙태를 하려고 함께 병원에 가 줄 '가짜 부모'가 필요한 사람들이 있는 것이다. 이 경우 대부분 업체 경영자들은 거절하지만, 수요자가 도우미에게 직접 전화로 연결하는 경우까지는 막을 수 없다고 한다. '목소리 도우미'도 있다고 한다. 선생님을 직접 찾아가지 않고 전화로 상담해주는 것이다. 전화 한 통 해주는 대가가 보통 1~3만 원이다. '우리 아이 잘 좀 부탁드립니다. 불편하게 해서 죄송합니다.' 와 같은 인사말 정도만 해주면 된다.

최근 역할 대행 업체에는 부모 역할 대행 서비스를 악용하는 학생이 늘어나고 있다고 한다. 역할 대행 서비스란 부모, 친구, 애인 같은 역할을 도우미가 시간당 수당을 받고 대신하는 것을 말한다. 이러한 역할대행 관련 업체가 수십 개나 된다고 한다. 앞서 말했지만 정말로 바쁘고 사정이 있어서 역할을 대행케 하는 일은 필요하고 또 있어야 한다. 그럼에도 최근엔 엉뚱하게도 부정적인 경우가 속출하고 있으니 그게 문제다. 특히, 일부 학생들이 새로운 고객으로 등장한 것은 심각한 문제다. 어떤 업체는 고등학생이 부모 대행을 주문하는 경우가 한 달에 30건이 넘는다고 했다. 성적이 떨어졌을 때, 담배 피우다 걸렸을 때 등 문제가 발생했을 때 부모 대신 부모 역할을 해 줄 사람을 찾는다고 한다. 3시간에 7～10만 원 정도를 받는다고 한다. 상상의 이야기가 아닌 이미 상당히 뿌리를 내린 웃지 못할 현실이다. 이쯤 되면 누가 누구를 믿고, 어디까지가 진실이고 거짓인지 도대체 가늠할 수도 없다. 선생님은 진짜와 가짜 중 어느 학부모와 학생에 관한 상담을 하고 있는지 모를 일이다. 주민등록증이나 다른 어떤 신분을 증명할 수 있는 증빙 서류로 사실 확인을 일일이 해야 할 판이다. 치맛바람이니 교사 비리니 하는 판에 선생님과 학부모들이 자주 만나서 얼굴을 익힐 수도 없고 난감한 일이다. 그렇다고 이 문제를 모른 체해서는 더더욱 안 된다. 상당히 위험스러운 수준이다. 어떻게든지 대책을 마련하지 않으면 안 된다. 물질문명의 발달이 오히려 인간의 발목을 잡는지도 모른다.

인터넷이 우리에게 얼마나 편리하고 유용한가. 많은 긍정적인 측면이 있는가 하면 반대로 청소년을 멍들게 하는 부정적인 측면도 얼마든지 있다. 통계를 보면 청소년 성 매매는 인터넷이 주 무대이고 90% 이상이 채팅 방에서 이루어진다고 한다. 사회가 발달하고 지능이 고

도화되며 문명의 이기가 첨단화되면서 인간의 정신문화는 삭막하고 피폐해지고 있다. 정신상태가 병들어가고 있다면 큰일이다. 어떻게 그런 기발한 생각을 해낼 수 있단 말인가. 부모를 대신 사고 만드는 것이 아닌가. 돈으로 해결하겠다는 학생도 그렇지만 돈 받고 그런 역할을 하는 어른들은 또 어떻게 설명해야 할 것인가. 그들에게는 그만한 아들과 딸들이 없는가 묻고 싶다. 어떻게 벌면 못 벌어서 꼭 그렇게 돈을 벌어야만 하는가. 그들은 그들의 자녀를 어떻게 기르고 가르치는지 듣고 싶다. 어쩌면 지금 이 순간 그들의 자녀도 그가 아닌 다른 사람으로 그의 역할 대행을 할 가짜 부모를 찾고 있는지도 모른다. 산토끼 잡으려다 집토끼까지 놓칠 수도 있다. 옛날부터 자식 키우는 사람은 장담을 못 한다고 했다. 혹시, 내 아들이나 딸이 아니니까 괜찮다는 생각을 하면 큰 오산이다. 부메랑처럼 그 피해는 고스란히 자신에게 되돌아온다는 것을 명심해야 한다. 찾는다고 다 내어주어서는 안 된다. 줄 것과 주어서는 안 될 것을 잘 구분해서 주어야 한다. 원한다고 다 들어주면 독이 된다. 학생들도 나쁜 짓인 줄 안다. 판단할 이성의 소유자다. 다만, 내 부모가 아니고 남이니까 괜찮다고 생각하는 의식이 문제다. 바로 교육이 필요한 대목이다. 앞으로는 이런 일이 더 이상 발생하지 않기를 바라고, 가짜 부모 역할을 하는 '대행부모'라는 말과 그런 일자리도 우리 사회에서 사라지기를 간절히 바란다.

(2009. 8. 25.)

죽는 법 사는 법

나는 매일 아침 잠자리에서 일어나면 컴퓨터를 켜고 이 메일(e-mail)을 열어보는 습관이 생겼다. 나를 아는 많은 사람으로부터 어떤 소식이 보내졌는지 궁금해서다. 그 중에서도 내가 전북도청 국장으로 재직 당시 알게 된 류태영이란 분이 보내주신 소식을 알아보고 싶어서이기도 하다. 그분이 보내주신 메일은 유난히도 유익한 내용이어서 확인하지 않고는 궁금증이 더해져서 못 배긴다. 류태영 씨는 농촌·청소년 미래 재단을 운영하고 있는데 하루도 거르지 않고 메일을 한두 건씩 보내주곤 한다.

그런데 오늘 아침 일어나 메일을 확인하는 순간 깜짝 놀라고 말았다. 왜냐면, 메일의 내용이 내가 평소에 생각하고 주장하는 것과 상당히 일치하는 것이기 때문이었다. 〈죽는 법을 배우십시오〉라는 제목의 메일 내용은 대략 이렇다.

"살아가는 법을 배우십시오. 그러면 죽는 법을 알게 됩니다. 죽는 법을 배우십시오. 그러면 살아가는 법을 알게 됩니다. 훌륭하게 살아가기 위한 최선의 방법은 언제라도 죽을 준비를 하는 것입니다. 우리가 정말로 해서는 안 될 일은 자기 자신을 쓸모없는 존재라고 생각하는 것입니다. 자신을 사랑하는 사람, 자신을 동정할 줄 아는 사람, 자신에게 친절한 사람이 되십시오. 자신을 귀하게 여기는 존경심을 통하여 다른 사람들을 자기처럼 귀하게 여기는 방법을 배웁니다." 이상은 미국 매사추세츠(Massachusetts) 주 월샘 시에 있는 브랜다이스 대학(Brandeis University)에서 35년 동안 사회학 교수로 재직하다가 1995년 11월 4일 78세로 세상을 떠난 모리 슈워츠(Morrie Schwartz) 교수가 한 말이라고 한다. 그는 삶을 사랑하였고 죽음 또한 기꺼이 받아들였으며 그의 삶과 죽음은 사람됨의 위엄과 기품을 사람들의 마음속에 깊이 새겨 놓았다 한다.

나는 1975년 1월 9일에 결혼했다. 아내와의 미래를 설계하는 신혼 초야에 새퉁스럽게도 이런 제안을 했다. "우리는 자기 자신을 먼저 사랑하자. 서로가 상대를 자기 사랑하듯 사랑하고 아껴주자. 항상 죽을 수 있는 준비를 하면서 살자."라고. 지금 생각하면 나이 삼십도 안 되는 내가 그때 왜 그런 말을 했는지 모르겠다. 무엇을 얼마나 알고 세상을 얼마나 살았다고 그랬는지 용하기만 하다. 어쨌든지 나는 지금까지 그때 그 다짐을 실천하며 살려고 노력하고 있고 그 다짐은 지금도 변함이 없다. 매일매일 순간순간의 삶이 내 인생의 끝이라고 생각하면 결코 세상을 함부로 살 수 없다. 나쁜 짓 하며 악하게 살 수는 없다. 허송세월하면서 게을리 살 수는 없다. 오늘만 살면 자기 인생이 끝이라고 생각하면 남을 헐뜯고 비방하고 아귀다툼하면서 살아야 할 이유가 없다. 그런 마음으로 하루하루를 일일 결산하며 죽음을 준비하는 삶을 산다면 그 인생이야말로 참다운 인생일 것이다.

인간이 어리석은 것은 기정사실로 된 죽음에 대한 대비를 않는다는 것이다. 그래서 언젠가는 찾아오는 그 죽음을 맞이하면서 허둥대고 망연자실하지 않는가 말이다. 나도 이 문제에 관한한 예외가 아니다. 죽음을 준비한다는 것은 결코 쉬운 일이 아니다. 정해진 방법이 없을 뿐더러 막연하기만 하여 쉽게 갈피가 잡히지 않는다.

그렇다면 과연 죽음이란 무엇일까? 사전적으로 말하면 생명 과정의 완전한 정지상태 또는 생명이 없어지는 현상을 의미한다. 솔직하게 말하면 죽음보다 더 무서운 것은 없을 성싶다. 죽음은 내 생명을 잃는 것이고 생명을 잃는 것은 나의 전부를 잃는 것이기 때문이다. 죽음은 외롭고 쓸쓸하고 적막하다. 죽음 저 너머는 아무도 다녀온 사람이 없어서 미지이며 불안하고 두려운 게 사실이다. 모든 정든 사람들과 영원히 이별해야 하고, 가진 것도 다 포기하고 놓고 가야 한다.

얼마나 죽음이 싫은가. 죽음만 생각하면 공포부터 밀려오는 게 사실이다. 그래서 인간은 죽음이란 자명한 사실을 외면하고 망각하며 살아가고 있는 것 같다. 솔직히 죽음 그 자체를 하나의 사실로만 알고 잊어야 산다. 어쩌면 우리가 존재하며 살아간다는 것 자체가 곧 죽음에의 도전일 수 있다. 하이데거(Heidegger, Martin)는 삶을 "죽음을 향해 미리 달려가는 것"이라고 하면서 인간의 삶을 계속 죽어가는 상황으로 인식하였다. 그는 또 "죽음을 똑바로 응시할 수 있는 자만이 인생을 참되게 살아갈 수 있다."고 했다. 예수와 석가는 우리가 사는 삶은 대나무의 한 마디처럼 맺히는 삶이라 하였다. 우리의 삶이 현생으로 끝나는 것이 아니라 내세來世, 즉 사후세계로 이어진다는 것이다. 이른바 천당과 지옥, 극락이 그것이다. 그러므로 현세를 바르고 정직하게 살 것을 주문하고 있다. 종교적 차원에서 사후세계를 말한 것으로 알 수 없는 일이다. 어쨌든지 시작이 있으면 끝이 있는 법이고 처음이 있으면 나중이 있는 것이다. 마찬가지로 출생이 있으면 죽음이 있는 게 정한 이치이고 자연스러운 순리다. 모인 것은 흩어지게 마련이다.

라이너 마리아 릴케(Rilke, Rainer Maria)는 "깨달아라. 그러면 죽음도 삶 속에 있느니라. 둘은 서로 뒤섞여서 달린다. 하나의 양탄자 속에서 실오라기가 가로세로 달리듯이, 죽음은 만만치 않다. 사람들은 그것을 묻어버릴 수 없다. 우리의 삶 속에는 날마다 죽음과 출생이 있다."라고 말한 바 있다.

어쩌면 우리의 삶이 곧 죽음을 일깨우는 과정인지도 모르겠다. 죽음을 헤아려 안다면 삶을 더한층 알뜰하고 보람 있게 살려고 노력할 것 같다. 그것이 죽음을 준비하는 삶일 수 있을 것이다. 인생을 아름답고 훌륭하게 살아가기 위한 최선의 방법은 죽을 수 있는 준비를 하면서 사는 것이 아닐까? 이것이 삶을 사는 법이고 또한 죽는 법일 것이다.

(2009. 6. 21.)

어떤 사랑

다큐멘터리(Documentary) 사랑 얘기는 수없이 많이 보고 들으며 산다. 그렇지만, 그때마다 한결같이 느끼는 것은 감동이고 경탄이고 애절함이다.

휴일이라서 오랜만에 컴퓨터 앞에 앉아 인터넷을 검색하다 어느 사랑에 대한 기사를 읽고 가슴이 뭉클한 것은 말할 것도 없고 스스로 내가 부끄러워졌다. 글을 읽고 나서 헌신이란 단어를 검색했더니, '몸과 마음을 바쳐 있는 힘을 다함'이라고 적혀 있다. 또 희생이란 낱말도 찾아봤다. '다른 사람이나 어떤 목적을 위하여 자신의 목숨, 재산, 명예, 이익 따위를 바치거나 버림'이라고 되어 있다. 조금 전 읽은 글의 내용을 보면 전적으로 헌신과 희생이라는 생각이 들어서였다. 그런데 글의 제목이 사랑이었다. 도대체 사랑이 뭣인가를 새삼스레 깊이 생각하게 된다. 차라리 사랑을 헌신과 희생이라고 정의해야 하는 것 아닌가 하는 생각이 들었다.

서울 변두리에 있는 대형 할인매장에서 일하는 스물아홉 살의 임시직 근로자의 생활 모습을 담은 것인데, 그는 사람도 좋고 얼굴도 선한 모습이고 일손도 빠른 사람인데 그에게 단점이 하나 있었다. 일이 끝나면 칼퇴근을 하므로 회식·야유회에는 어김없이 불참한다는 것이다. 동갑내기인 아내가 뇌성마비 1급 장애인이어서 남편 없이는 아무것도 못하기 때문이다. 아내를 대신해서 해야 하는 일이 너무 많은 것이다. 그러면서도 늘 입가에 미소가 떠나지 않는다는 것이다.

원래 여행을 좋아해서 평생 독신으로 여행만 하면서 살겠다던 그가 꿈을 접은 것은 지금의 아내와의 첫 만남 때문이다. 장애인 모임에 자원 봉사를 하러 갔다가 유난히 활발하고 유머 감각이 뛰어난 아내를 발견했다. 그렇게 웃는 모습이 예쁜 여자를 본 적이 없었다고 한다. 한눈에 반하여 사랑에 푹 빠지게 되어 마침내 이들은 양가의 허락을 얻어 결혼하기에 이르렀고 지금은 홀로 남은 장인, 젖먹이 딸아이와 함께 살면서 한 아이의 아빠로, 한 여자의 남편으로, 사위로, 가정주부로서의 역할을 도맡아 하고 있다. 어쩔 수 없이 지금의 생활이 그의 취미이고 특기가 되어 버렸다. 그런데도 불평이나 불만은커녕 마냥 웃음을 잃지 않고 즐거워하면서 산다고 했다.

아내 또한 남편에게 따뜻한 밥 한 끼 지어 먹이고 싶고 사랑스러운 딸에게 우유 한번 먹여 보는 게 소원이지만 그러지 못하는 자신의 처지에도 좌절하지 않고 용기를 갖고 늘 명랑한 가운데 긍정적으로 살면서 유머를 취미로 알고 집안의 분위기를 띄우는 데 앞장선다.

생각해 보았다. 만약 그 청년의 입장이 나였다면 나도 그처럼 살 수 있을까를. 물론 당하면 어쩔 수 없이 할 수 있을지는 몰라도 결코 쉽게 자신 있는 답을 할 수 없을 것 같다. 그런데 그 청년은 처음부터 뇌성마비 장애인인 아내를 만나 헌신과 희생을 각오하고 다짐한 게 아닌가! 살다가 불의不意의 사고로 당한 불행이 아니었다. 얼마든지 육체적으로 건강한 사람을 선택할 수 있었음에도 희생과 헌신의 삶을 스스로 선택한 것이다. 나이가 거의 갑절이나 많이 먹은 내가 어딘가로 숨고 싶도록 부끄러운 생각이 든다. 갑자기 사지가 멀쩡하게 사는 내가 죄송하고 미안해진다. 하루 이틀도 아니고 평생을 그렇게 살아야 하는데 얼마나 힘들겠는가.

그도 사람인데 살다가 가끔 쉬고 싶기도 하고 사랑받고 싶기도 할 때가 있을 텐데 그럴 땐 어떻게 극복하는지 안타까운 마음이 들었다. 때로는 불평불만도 있을 텐데 그럴 땐 어떻게 하는지 모르겠다. 아니 어쩌면 행복한 내 기준의 생각이지 그에게는 그런 생각조차 할 여유가 없는 나날인지도 모른다.

문득 사랑을 배우고 싶었다. 내가 사랑받기 위해 사랑해야겠다고 생각한다. 사랑하면 사랑받는다는 것을 깨닫는다. '주면 받는 것이다.'라는 교훈을 배운다. 그리고 참다운 사랑은 한없이 주고 또 주는 것이며 계속 주는 것으로 생각한다. 어떤 보답이나 기대를 한다면 그 사랑은 다분히 계산된 투자에 불과할 것이다. 어떤 사람을 사랑한다는 것은 상대적이 아니고 내가 그에게로만 향하는 절대적이라는 것도 알 것 같다. 그리고 사랑은 상대방에게 최선을 다하는 것이고 자기 자신이 줄 수 있는 모든 것을 다 내어주는 것으로 생각한다.

또한, 내 기준과 내 눈높이에서 사랑하지 말고 상대의 필요와 눈높이에 맞는 사랑을 주었을 때 진정한 사랑을 주었다고 할 수 있을 것이다. 지나온 삶을 돌이켜볼 때 사랑 없는 삶을 많이도 산 것 같아서 아쉽다.

삶이 힘들고 어려웠을 때, 내 앞길에 희망이 보이지 않았을 때, 불평과 불만이 쌓여갈 때, 한없이 외롭고 서러움이 밀려올 때, 마음이 괴로워 기쁨이 없을 때마다 늘 나 아닌 다른 사람을 보면서 남 때문에 내가 이렇게 되었다고도 생각했고 타고난 운명을 탓하기도 했다. 그러나 이제 와 생각해 보니 모든 게 남 때문이 아니고 내 마음속에 나 자신을 비하하는 미움이 도사리고 있음을 알게 되었다.

내 속에 사랑하는 마음이 적었고 헌신과 희생의 정신이 없었기 때문임을 알게 되었다. 더 많이 이해하고 양보하고 살피지 못한 순간들이 많았다. 지금 생각해 보니 내 안에 사랑이 적었기 때문임을 발견하게 된다. 가끔 TV에서 사랑의 프로그램을 보았지만, 이 역시 내 속에 진정한 사랑이 적었기 때문에 별생각 없이 지나쳐 보았던 게 사실이다. 그뿐 아니다. 영화 속에서나 책 속에서 그리고 내 생활 주변에서도 많은 사랑을 보고 들어왔지만, 그때마다 감동으로 끝났고, 있을 수 있는 일상의 일로 치부하고 말았다. 이 또한 내 속에 사랑이 적었던 탓임을 발견한다.

내 생활로, 내 신조로 받아들이고 결심하고 실천하지 못했음을 고백한다. 지금까지 살면서 우리가 한 사랑이 온전한 모양새를 갖춘 사랑이 얼마나 될 것인가? 때로는 자기 자신을 내보이기 위한 과시의 수단으로 사랑하지는 않았는가. 상대에게 오만을 보이지는 않았는지 어쭙잖은 지난날 나의 사랑이 염려스럽다. 양심적으로 반성해 볼 일이다. 그리고 남은 생애에는 이런 사랑을 할 수 있어야 한다고 생각한다.

계산 없는 사랑, 목적 없는 사랑, 기대 없는 사랑, 보상 없는 사랑, 조건 없는 사랑, 이유 없는 사랑, 기준 없는 사랑, 상대적이지 않고 절대적인 사랑, 순수한 사랑, 한없는 사랑, 아낌없는 사랑을 할 수 있어야 한다. '사랑한다'는 것 말고는 어떤 조건이나 이유가 있을 수 없는 사랑을 해야 한다. 원칙과 규칙 기준도 없는 것이 사랑인데 왜 그렇게 제대로 된 사랑을 못하는 건지 모를 일이다. 큰 사랑을 꿈꾸는 것부터가 잘못이다. 벅찬 감동을 의식한 사랑을 생각하는 것부터가 위선이지 사랑이 아니다. 먼저, 마음을 비워야 한다. 나를 죽이고 묻어야 한다. 헌신하고 희생해야 한다. 사랑 속에 내가 보이면 안 된다. 순수와 진정, 뜨거운 열정만이 드러날 때 상대가 사랑을 느낄 것이다. 그럴 때 비로소 나의 사랑이 승화되고 아름답게 꽃필 것이다.

(2009. 8. 7.)

생일이 둘인 사람

"오늘은 석인수님의 생일입니다. 진심으로 생일을 축하하오며 항상 건강하시고 행복하시기 바랍니다." 어느 카드회사로부터 전자우편으로 받은 생일 축하 메시지 내용이다. 생일 축하 메시지를 보내온 곳은 비단 카드회사뿐이 아니다. 은행, 연금관리공단, 보험회사, 직장, 학회, 협회, 휴대전화회사, 단골집 등 십여 군데쯤 된다. 축하 메시지의 내용은 한결같이 정형화된 판박이다. 저마다 정해진 내용에 해당하는 사람의 이름만 고쳐 넣어 보내기 때문일 것이다. 고객관리 차원에서 컴퓨터 덕분에 인사치레하는 것을 다 안다. 그러기 때문에 메시지 내용에 정감이 없고 받는 사람 대부분이 아마 읽어 보려고도 하지 않을 것이다. 보내는 쪽으로서도 받는 사람의 반응과 효과에 대하여 살피거나 짐작하지 못 하는 게 아닐 테지만 보내지 않는 것보다는 낫다는 생각이 들 것이다. 그나마도 받는 사람 생일이 진짜 생일과 일치하는 사람은 고마운 마음이 생길 것이지만 나처럼 그렇지 않은 사람은 괜히 씁쓸하기만 하다.

나는 호적상 12월 8일이 생일이다. 그러나 12월 8일은 분명 내 생일이 아니다. 그런데도 해마다 이날이면 여러 곳에서 많은 축하 메시지를 받는다. 축하 메시지를 보내는 쪽에서는 분명히 그날이 내 생일이 맞다. 착오나 잘못도 전혀 없다. 전적으로 내 쪽의 잘못이고 내 책임이다. 그렇지만 나로서도 어찌할 수가 없다. 하지만 나 개인의 입장에서는 찜찜하고 불만이다. 왜냐면 실제 나는 음력으로 8월 29일에 태어났기 때문이다. 난 달과 날짜를 확인해 보니까 양력으로는 그날이 10월 1일 금요일이었다. 그러니까 실제로 나는 양력으로 치면 10월 1일이 진짜 생일이어야 맞다.

말이 나왔으니 마저 해야겠다. 나는 생일뿐만 아니라 나이도 호적에는 실제보다 적게 되어 있다. 또 이름도 둘이다. 초등학교 때까지만 해도 이름이 '민수'였다. 학교에서 성적을 통지하는 통신표通信表나 상장賞狀 같은 것도 전부 민수로 되어 있다. 그래서 지금도 초등학교 동창생들이나 고향 동네 어른들은 나를 민수로 부른다. 초등학교를 졸업할 때까지만 해도 생년월일이 잘못되고 이름이 잘못된 줄을 몰랐다. 중학교에 진학하려고 면사무소에 가서 호적초본을 발급받은 뒤에야 내 신상이 바뀐 것을 알았다. 그때까지 살아온 석민수가 아니고 석인수로 새롭게 태어나야 했다. 그러니까 성姓만 틀리지 않고 난 해와 달, 날짜, 이름까지 모두 바뀐 것이다. 나는 그때 너무나도 황당했었고 혼란스러웠지만, 숙명처럼 다가온 현실 앞에 수긍할 수밖에 없었고 그 결과가 지금까지도 멍에로 씌워져 있다. 따지고 보면 드물기는 하겠지만, 이 나라에 나 같은 경우가 비단 나뿐이 아니라고 생각된다. 나처럼 이름까지 바뀐 경우는 많지 않겠지만, 생년월일이 다른 경우는 더러 있을 것이다.

우리나라에 아직도 남아있는 이른바 '호적상 나이와 집 나이'라는 게 바로 그것이다. 이것은 암울했던 우리 민족의 역사와 무관하지 않다. 양반과 상놈으로 나누어진 계급사회 구조 속에서 교육은 일부 특권층에게만 국한되었고, 절대다수인 국민이 무학자였던 조선 시대를 거쳐 일제 강점기 35년 동안은 나라의 주권마저 빼앗겼다. 그러니 교육은 더더욱 생소했으며 차라리 사치였던 뼈아픈 과거다. 뿐만 아니라 일제의 압박에서 해방된 지 채 5년도 못 되어 한국전쟁이 발발하여 3년여를 같은 민족끼리 싸워야 했던 비극의 역사도 있다. 조선 시대 이래로 휴전으로 남북이 갈라지기까지 수백 년의 터널처럼 어두웠던 질곡의 슬픈 우리의 역사가 있다.

내가 철이 들었을 때에도 국민의 절대 다수는 교육 기회를 갖지 못한 게 사실이다. 문맹文盲율을 낮추는 문맹 퇴치 사업이 국책 사업의 최우선이었다. 동네마다 밤이면 회당이나 사랑방 같은 데에 모여서 기역(ㄱ) · 니은(ㄴ), 가갸 · 거겨를 외우고 쓰느라 진땀을 뺐다.

그 당시 우리나라에는 동네 일을 맡아서 처리하는 구장(오늘날의 이장, 통 · 반장)이라는 제도가 있었다. 구장의 역할은 정말 대단하였다. 국정의 최말단 조직의 말초신경 기능을 했고, 구장의 말 한 마디는 동네 사람들에게 절대적이었다. 구장의 역할이 무식하고 무지한 동네 사람들에게는 고맙고 든든한 대리인이었다. 따라서 대외적으로 처리해야 할 웬만한 집안일까지도 다 구장에게 맡겼고 구장이 알아서 처리하는 게 당연한 관행이었다. 그러다 보니 경우에 따라서는 독선적이고 일방적이고 자의적인 일 처리가 비일비재했다. 거기다가 내가 태어날 무렵만 해도 전염병 등 각종 질병의 만연 때문에 유아 때 사망하는 사례가 속출하여 신생아가 출생해도 곧바로 출생신고를 하지 않고 1~3

년 정도 지난 뒤에야 호적에 올리는 경향까지 있었다. 그래서 태어난 날짜에 제대로 맞춰서 신고하지 않는 경우가 종종 있었다. 내 생년월일과 이름이 호적과 실제가 맞지 않는 것도 바로 이 경우에 속한다.

나는 출생신고를 언제 했는지는 모르지만, 우리 집에서는 내가 태어난 해와 달과 날짜를 정확히 말하고 이름도 한자漢字까지 지어서 구장께 출생신고를 의뢰했다고 한다. 그리고는 구장이나 우리 부모님, 또는 초등학교에서도 확인해본 사실이 없었나 보다. 우리 집과 구장은 그렇다고 치고 학교에서조차 입학 당시 학생의 인적사항도 제대로 확인하지 않았으니 얼마나 어수룩한 시대였는지 짐작이 간다. 그 당시 우리나라 행정의 일그러진 한 단면이고 사회의 실상이었다.

나는 초등학교에 다니는 동안 내 이름이 한자로 옥돌 민珉, 물가 수洙로만 알고 쓰며 지냈다. 그러나 중학교 진학 이후부터는 어질 인仁, 목숨 수壽로 살고 있다. 두 가지인 생년월일과 이름 때문에 겪는 희비는 너무나 많았고 지금도 그렇다. 어떤 땐 괜히 떳떳하지 못한 것 같기도 하고 변명하는 것 같기도 하다. 해명하느라 궁색하기도 하다. 세상살이도 두 배는 산 것 같은데 태어난 때와 이름까지 두 개인 것을 보면 우연이 아니고 어쩌면 운명이려니 하는 생각마저 든다.

나는 지금까지도 누가 내 생년월일을 올렸는지 모른다. 또 왜 이름자를 어질 인仁자와 목숨 수壽자로 지었는지 그 이유나 뜻도 모른다. 분명한 것은 그 당시 우리 동네 구장과 면사무소 호적 담당 직원 둘 중 한 분일 것이다. 그런데 세간에는 이름자를 풀어서 그 사람의 운명과 팔자를 논하기도 한다. 그렇다면 내 운명과 팔자는 구장이 아니면 면 직원이 결정지은 것 같다.

평생 나는 집 밖에만 나가면 1949년 12월 8일생이고 이름도 인수다.

그렇지만 지금도 어머니는 나를 민수라고 부른다. 또 생일도 음력 날짜에 맞춰서 지낸다. 그러나 대외적으로는 앞으로도 생일이 아닌 생일에 생일 축하를 받으며 살 것이다. 이 역시 내가 타고난 팔자인지도 모르겠다.

(2009. 12. 12.)

당신 있음에

—아내 송희남 회갑에 부침

석인수

청년 시절 한동안 나는
벅찬 감격과 넘치는 기쁨으로
설레던 때가 있었습니다.

벼락 맞은 사람처럼 혼미해 있었고
벌에 쏘인 사람처럼 몽롱했던
그런 때가 있었습니다.

당신 때문에 그랬습니다.
당신 있음에 그랬습니다.

사글세 단칸 셋방에서
숟가락 두 개와 젓가락 두 벌을 살림으로 차려놓고

신혼新婚 흉내내며 신혼辛婚생활 했었습니다.

가진 것이라고는 몸뚱이밖에 없는 내게
아낌없이 몸과 마음을 던졌고
미래의 인생까지도 맡겨버린 당신은
정말 통 큰 여자였습니다.

어쩌면 나는 행복의 시작이었지만
당신은 고행의 시작이었는지 모릅니다.

젊은 시절 한동안 우리는
얼빠지고 넋 빠진 채로 정신없이 살았습니다.
어떻게 해서 하루가 가고
무엇을 하며 한 달이 가고 일 년이 지난 줄도 모르고
마라톤 경주하듯 가파른 산을 오르듯 살았습니다.
바쁘게 숨 가쁘게 그렇게 살았습니다.
온몸으로 부딪히며 다치고 깨지고 넘어지면서 살았습니다.
기쁜 일이나 슬픈 일이 있어도
즐거워하거나 슬퍼할 시간도 없이 살았습니다.

우리가 가꾸는 인생의 텃밭은 너무나 척박했습니다.
어지간히 거름 주고 물 주어서는 싹 틔울 수가 없었습니다.

그래도 우리는 포기하지 않았습니다.
아니, 몇 번이고 포기할 뻔했습니다.

그러나 그때마다 용하게도
버티고 일어나 다시 걸었습니다.

당신 때문이었습니다.
당신 있음에 그랬습니다.

중년 시절 한동안 우리는
세상의 모진 세파 속에서
삶의 뿌리를 내릴 수가 없었습니다.
우리를 에워싼 안팎의 환경도 그러했지만
안으로부터 터져나오는 이벤트 같은 소용돌이가
우리를 더욱 힘들게 했고
삶의 발목을 잡았었습니다.
힘든 인생 항로를 항해할 수밖에 없었습니다.

온갖 역경의 파도가 수없이 밀려왔지만
그때마다 온몸으로 맞서 싸웠습니다.

마땅히 울 곳조차 없는 우리가
기댈 곳이 있을 리가 만무했습니다.

그래도 우리는 좌절하거나 절망하지 않았습니다.

당신 때문이었습니다.
당신 있음에 그랬습니다.

당신과 나
살다가 힘들고 지칠 때면
때로는 티격태격 버성겨 지낸 적도 있지만
세상을 원망하며 통곡한 적도 있지만
격동의 한 시대를 용케도 잘 버티어 왔습니다.

당신 때문이었습니다.
당신 있음에 그랬습니다.

나는 잊지 못합니다.
아직은 새색시였던 꽃다운 시절에
큰딸 등에 업고 화장품 가방 든 채로
낯선 땅 부안의 이 골목 저 골목을 누비며
철면피한 얼굴로 화장품 팔던 그 시절을
나는 아직 잊지 못합니다.

나는 잊지 못합니다.
막내딸 세 살 때에 시작한 구멍가게 '동락 스낵'에서
생전 해보지도 않은 분식장사 하던 시절
칼국수 서너 그릇 받쳐서 머리에 이고
주문처 배달하랴 손님 모시랴 동분서주했던

그날 벌지 않으면 그날은 먹지 않겠다고
아픈 몸 질질 끌고 일어나 가게 문 올리면서
하루를 스물다섯 시간같이 살았던

남편 승진 위해 시동생 잘못될까 봐
낯선 사람 찾아 발 동동 구르며
가슴 조여 통사정했던 당신을
나는 아직 잊지 못합니다.

나는 잊지 못합니다.
승진에서 탈락하여
당신 무릎에 얼굴을 묻고
흐느껴 울던 그때를
나는 아직 잊지 못합니다.

나는 잊지 못합니다.
무덥디무더운 여름날
아기 상추랑 푸성귀 몽땅 쥐뜯어서
고추장 듬뿍 넣고 한 양푼에 밥 비벼
"그래! 이 맛이야." 하며
숟가락 하나로 번갈아 밥 떠먹던
오붓했던 그날을
나는 아직 잊지 못합니다.

나는 잊지 못합니다.
파란만장했던 질곡의 크고 작은 가정사家庭史를
팍팍하고 힘겨웠던 역경의 고비고비를
솟구치고 북받치는 수많은 울분과 삶의 편린들을

아무도 거들떠보는 이 없이 세상에 팽개쳐진
철저히 쓸쓸했던 우리의 삶을

망망대해에 외로이 떠 있는 돛단배같이
가냘프고 외로웠던 우리의 삶을
나는 잊지 못합니다.
나는 잊지 못합니다.
주는 것이 받는 것보다 기쁘다면서
내어주는 삶을 실천하는 당신을

겉으로는 강한 척하지만
사람 냄새 풋풋하게 넘치는 인정이 많아
허망하게 울어버리는 당신을
항상 없음을 불평하지 않고
있는 것을 찾아 행복해 할 줄 아는 당신을

나는 잊을 수가 없습니다.
세월이 흐르는 것이 아니라
우리가 세월 속을 걸어갑니다.
연습 없는 인생살이
그래서 언제나 인생은 실전인 것입니다.

나는 오늘도 당신과 동반자 되어
한 그루 청솔나무를
행복의 뜰 안에 심으렵니다.
나는 할 말이 없습니다.
나는 말을 못 하겠습니다.

다만, 살면서
가끔 가슴만 저미어올 뿐입니다.
애틋한 마음만 남아있을 뿐입니다.
그래도 이 말은 해야겠습니다.

당신 때문에 행복했다고
당신 있음에 행복하다고.

세상을 이기며 살아온 당신.
이후로는 내내
휘파람이랑 콧노래 부르면서
즐겁고 행복하게 살기 바랍니다.

당신도 알지요?
행복은 가까이 있다는 것을

하나님도 당신과 함께하실 겁니다.

사랑합니다.

(2010. 11. 20.)

한마음의 노래

작사 : 석인수
작곡 : 노송 · 사장군

석인수 수필집

그래서 당신을

인　　쇄 / 2012년　5월 10일
발　　행 / 2012년　5월 16일

지 은 이 / 석 인 수
발 행 인 / 서 정 환
발 행 처 / 수필과비평사

출판등록 / 1984년 8월 17일 제28호
주　　소 / 서울시 종로구 익선동 30-6
운현신화타워 빌딩 2층 209호
전　　화 / (02) 3675-5633, (063) 275-4000
팩　　스 / (063) 274-3131
E - mail / essay321@hanmail.net

값 12,000원

ISBN 978-89-97700-08-0　03810

※ 이 책의 발간비 일부는 전라북도 문예진흥기금의 지원을 받았습니다.